信長 秀吉 家康は

グローバリズムとどう戦ったのか

普及版なぜ秀吉はバテレンを追放したのか

三浦小太郎　著

ハート出版

はじめに

　歴史小説好きの少年の例にもれず、私もまた中学校時代から戦国時代の合戦や武将物語にのめりこみ、吉川英治、山岡荘八、そして司馬遼太郎などに読みふけっていた。どうも中学校の卒業文集か何かで、将来の夢、として「歴史小説家」とか書いたような覚えがある。もちろん、そんな文才は持ち合わせていなかったが、この時代には、何か魅力とともに大きく日本が変わる時代のきっかけがあるような漠然とした思いは抱きつづけてきた。

　そして、近年、多くのすぐれた歴史書に触れる中、私なりの戦国時代を、特にキリスト教がなぜ禁じられたかを根底に考えてみたいという思いが生まれてきていた。青少年時代の私は御多分に漏れず、キリスト教禁教や鎖国政策を、日本文化が小さく閉ざされ、自由な信仰、個人の自立、神と人間、運命と人間の思想的ドラマを放棄して因襲と身分制度の江戸封建体制に向かう「反動的政策」、もっと正直に言えば「歴史をつまらなくしてしまったもの」と考えていた。それがいかに愚かで狭いものだったのか、近代や「自由」という概念を絶対視し、歴史をゆがめる視点だったのか、それを検討するのが本書の目的と言ってもよい。

本書は渡辺京二の『バテレンの世紀』（新潮社）なくして生まれなかったものである。渡辺は日本と西洋の「ファースト・インパクト」というべき戦国時代のキリスト教伝来から鎖国までの歴史を、まるで森鷗外の歴史文学のように、感情を抑えた抑制的な文体と、読み込まれた膨大な歴史資料を引用し組み合わせることによって、まるで古典劇の連続上映のように私たち読者の前によみがえらせた。

その後私は、何度か拾い読みしただけになっていたルイス・フロイスの『日本史』を通読、ここに描かれた、織田信長や豊臣秀吉の姿、そして様々なキリシタンたちの群像に感銘を覚えるとともに、やはり当時の宣教師たちの、キリスト教文明以外の価値観に対する偏見にも改めて気づかされたのである。そして、神田千里、藤木久志をはじめとする優れた歴史学者の著書からは、わが国の歴史学が着実に業績をあげていることを教えられた。

本書で行いたかったのは、まず第一に、彼ら先達たちの業績を多くの方々に紹介することである。私自身にオリジナルな知見や思想は何もない。できるのは、私なりに彼らの著書から学んだことを再構成することだけであった。それによってこの時代を生きた人々の姿が読者の皆様に伝わってくれているか否かはご判断にゆだねるしかないが、本書で紹介させていただいた文献は、ことごとく読む価値のあるものである。ぜひ読者の皆様には、拙著を手掛かりに、戦国史のさらに深い世界をたどる旅路に足を踏み出していただきたい。

ただし、資料の選択やそれにつけたわずかなコメントの中に、私なりのキリスト教観や、時代への思いは込められている。

もう一つ、昨年（二〇一八年）夏、ユネスコの世界遺産委員会が「長崎と天草地方の潜伏キリシタン関連遺産」（長崎、熊本両県）を世界文化遺産に登録することを決定したことも、本書を執筆する大きな動機の一つになった。

江戸時代の豊かな文化や、西洋のキリスト教布教が、侵略や植民地政策と密接に結びついていた歴史的事実を知るに至った今、なぜ当時の為政者がキリスト教を禁じたのかを、当時の時代背景に即して再検証することは、現在のグローバリズムとナショナリズムの対立について考える上でも大きな意味合いを持つものと思われる。潜伏キリシタンの世界遺産登録を私は批判するつもりはないし、信仰を守り抜いた人々の信念には心から敬意を表する。しかし、キリシタン大名の領地における寺院の破壊行為、強制的な改宗、そして日本人奴隷の問題などからも、やはり私たちは目を背けてはなるまい。そして本書最終章で紹介する、日本独自の信仰を守り抜いた人々が、大東亜戦争後、正統カトリック信仰に属することなく、自らの伝統信仰にとどまったことこそ、歴史遺産としての潜伏キリシタンを語る上で決して無視してはならないはずだ。

本書はまず、戦国乱世の時代の実相と、そこにもたらされたキリスト教の性格を紹介するところから始まる。まずこの二つを述べておかなければ、この時代においてキリスト教が人々にどのように映ったのかも、宣教師たちの情熱（と同時に偏見）のありかも理解できないからである。そこではまず、この時代を「自由と解放の時代」として描いた網野義彦の歴史観が批判的に検証されるとともに、イエズス会を作ったイグナティウス・デ・ロヨラの思想が紹介されることになる。

戦国乱世は、勝利した者が権利を得るという、徹底した「自己責任」「自力更生」の時代だった。ロヨラが生きたルネッサンスと宗教改革の時代も、それと似た時代であったかもしれない。この時代に生まれた「キリスト教の戦士団」たるイエズス会が、乱世の時代に日本を訪れたことは、まさに東西文明の衝突であり、そこでは様々なドラマが生まれた。だが、このような「乱世」の時代は、同時に飢餓と戦乱が続く中、民衆は時には加害者、時には被害者として、お互いの権利や財産、果ては生命までも奪い合う修羅の時代でもあった。この時代に平和をもたらしたのが、信長、秀吉、家康という三人の傑出した統治者だった。

特に藤木久志が紹介する豊臣秀吉の姿は、日本を平和的な統一国家とするために総合的な政策を構築した偉大な統治者である。そして、その「平和」のために、なぜ伴天連追放やキリスト教布教の禁止が必要だったのか、私たちは殉教者の悲劇とともに、統治者の政治的選択の意味をもくみ取らねばならないだろう。

本書は、平成三十一（二〇一九）年に出版された「秀吉はなぜバテレンを追放したのか――世界遺産『潜伏キリシタン』の真実」を増補改訂し、普及版として再版したものです。本文は一部表記を修正しただけで内容に変更はありませんが、新たに第九章『侵略に対する秀吉の対アジア戦略』、第十一章『細川ガラシャ　その生と死』の二章を書き下ろし、挿入しました。旧著に再び日の目をあててくださったハート出版に深く感謝いたします。

三浦小太郎（令和六年五月）

目次

第一章　中世という「乱暴狼藉」の時代

網野善彦批判と「残酷な自由」

日本人がキリスト教と初めて出会うことになった戦国時代を論じる上で、最初に確認しておかねばならないことがある。それは、鎌倉時代から南北朝を経て戦国におよぶ「中世」の時代を、日本の歴史を通じて、最も「自由」が実現していた時代として魅力的に描き出した網野善彦の言説の再検証だ。

網野の史観が最もよく表れているのは『中世の非人と遊女』（講談社学術文庫）の終章である。ここで網野は、十三世紀から十四世紀にかけて出現した「悪党」と言われた存在を「銭貨による商業・金融、信用経済の発達を支える商人・金融業者・廻船人、海の領主、流通路の領主、そして博打・非人等のネットワーク」、つまり、非農業民として定着を拒否し移動する人々の集団としてとらえている。

この「悪党」勢力を組織したのは「異形の王権」こと後醍醐天皇だった。彼らの力を得て北条氏を倒した後醍醐天皇は「王朝の基盤を商業、流通、金融に置く前代未聞の特異な君主独裁の道を突き進」んだ。この時代が生み出した「婆娑羅（ばさら）」は網野により「農本主義的な文明に抑圧されていた未開のエネルギー」が「新たな都市民を突き動かしたところに噴出した風俗」、つまり当時の「革命勢力」とみなされた。

網野の後醍醐天皇像には、伝統的に「穀物神」として語られる皇室を、あえて非農耕民の立場から描き出す試みがなされていた。鎌倉に代表される官僚化、支配階層化した武家社会のシステムに対し、楠木正成に象徴される「悪党」のゲリラ戦や、怪しげな呪術信仰まで動員して戦いを挑む後醍醐天皇の姿は確かに魅力的だった。そして網野は、天皇の本質を、本質的にこのようなアウトローや芸能のような、社会秩序から外れていく勢力にこそ根差すものと見なしていた。

網野は生涯を通じてマルクス主義者であることを公言し続けたが、彼は皇室伝統を単なる抑圧体制とはみなさなかった。逆に、「自由の民」と結びつく存在であるからこそ、天皇は手強いのだ、というのが彼の天皇批判の本質だった。これは網野を凡百の戦後史家から区別する一面であり、後述するアジールの評価も含め、彼は戦前の皇国史観の代表的な学者とみなされる平泉澄（きよし）や中村直勝から、そしておそらく保田與重郎（よじゅうろう）等の、歴史の暗部や、敗者の側にこそ皇室伝統の本質が宿るとする皇室観からも確実に影響を受けている。

後醍醐天皇の親政は三年足らずで敗れたが、その後の室町幕府も、この時期に拡大していた商業・金融のネットワークにその基礎を求める政策を取る。

そして十五世紀以後、中央権力の弱化、地域への分散という事態に即応し、商人・廻船人等のネットワークは、それぞれの範囲を縄張りとし、（中略）自立的・広域的な組織となり、各地の海辺をはじめ交通の要衝には多数の自治的な都市が簇生し、社会は色濃く都市的で、計量的な色彩の濃い経済社会に発展して行く。（『中世の非人と遊女』）

網野は明確に、室町時代から戦国時代（中央権力の弱化）を、個人の自立と都市共同体の自治の確立に向かう時代として捉えている。自由と変革の時代だからこそ、浄土真宗、日蓮宗、禅宗など新しい信仰が生まれる。キリスト教伝来もその次元で捉えられ、だからこそ網野は次のように述べる。

とくに十六世紀、「西日本」の都市、都市的な場を中心に広く教線を伸ばし、巨大な政治的・宗教的勢力となった、一向一揆を背景とする浄土真宗の本願寺教団が、織田信長と対決し、大量の流血を伴う死闘の末、徹底的に弾圧され、さらに十七世紀前半、列島の全域に信徒を組織し、やはり都市に基盤を置いて大きな勢力になろうとしたキリスト教が、江戸幕府によって根絶的な弾圧を蒙り、その上に立って、少なくとも建前は「農本主義」に貫かれた近世の幕府・大名の国家が確立していく大きな歴史のうねりが、商工業者、金融業者等の社会的地位の低下、非人・河原者、博打、遊女、そして諸種の宗教民・芸能民に対する差別の強化に、甚大なる影響を与えたことは間違いない。（『中世の非人と遊女』）

これが網野の考える鎌倉時代から江戸幕府成立までのおおまかな歴史観である。

理想としてのアジール『無縁・公界・楽』

網野は最初期の著作『無縁・公界・楽』（平凡社）において、この中世の「自由」を支えるものとして、縁切寺、市場、自治都市、そして一揆の指導者間での誓約などにみられる「アジール」の存在を強調した。アジールとは、社会秩序の外にあり、そこに逃げ込めばいかなる外部の力も及ばない空間である。苛烈な戦国時代に、このアジールにおいては、自由と平等、そして平和のユートピアが、少なくとも理念としては存在していたことを、網野は学術書のスタイルを取りながら情熱をこめて説いた。日本のみならず、西洋からアジアまであらゆる地域にみられるアジールの存在こそ、網野にとって、人間が普遍的に抱いている自由精神の象徴であった。

網野のアジール観がよく表れているのは次の一文である。

> 俗権力も介入できず、諸役は免許、自由な通行が保証され、私的隷属や貸借関係から自由、世俗の争い・戦争に関わりなく平和で、相互に平等な場、あるいは集団。(『無縁・公界・楽』平凡社)

もちろん、網野は現実の縁切寺や自治組織が完全に自由で平等な世界だったと主張しているわけではない。あくまで網野によって理想化されたアジールである。しかし、網野は戦国時代の民衆が、アジールをこのような存在として夢見ていたことを確信し、そこに日本における自由の根源を見る。

そしてこの精神は、禅宗、日蓮宗、浄土真宗ら、いわゆる鎌倉時代以後の日本仏教の思想に深くかかわっていると網野は確信していた。

「公界」は、禅宗での「俗界の縁を断ち切って修行を行う」概念を意味する。

自立的なきびしさを持った言葉であり、私的な縁の一切を断ち切る強い意志を秘めている。「理想郷」をめざす志向に抑圧を加えようとする力に対し、これを断固拒否する姿勢を示す表現として「公界」は最も適当だったといえよう。（『無縁・公界・楽』）

「楽」は、仏教用語の「十楽」を意味し、極楽浄土を讃える言葉でもある。

戦国も末期に近く、この言葉は（中略）理想世界の現実化を志向する人々の目標として、自覚的に広く使われるようになった。一向一揆の人々の心の奥底に動いていた希求も、またこれと、全く同じものであったといってよかろう。（『無縁・公界・楽』）

「無縁」は「原因、条件、対象のないこと」「『無縁の慈』といえば、『相手の如何を問わず、一切平等に扱う慈悲心』の意」であり、これもまた一つの理想を表すものだった。網野はこのように、アジールの理想を仏教由来のものとみなしたうえで、次のように結論付けた。

これらの仏教語（無縁・公界・楽）が、日本の民衆生活そのものの底からわきおこってくる、自由・平和・平等の理想への本源的な希求を表現する言葉となりえた、という事実を通じて、われわれは真の意味での仏教の大衆化、日本化の一端を知ることができる。(中略)これこそが日本の社会の中に、脈々と流れる原始以来の無主・無所有の原思想を、精一杯自覚的・積極的にあらわした「日本的」な表現にほかならないことを、われわれは知らなくてはならない。(『無縁・公界・楽』)

こうして現在、『無縁・公界・楽』を読み直しても、発表当時(一九七六年)の網野の情熱が伝わってくるようである。

社会秩序が変動し大きく崩れつつあった時代にこそ、人々の「自由」が実現し、その典型を非農耕民、非定着民に、そして「悪党」とされたアウトローたちに見る網野の視点は、歴史学会以上に、むしろサブカルチャーの分野に大きな影響を与えた。漫画家・花輪和一が中世を舞台にした作品には、明らかに遍歴する自由人をテーマとしたものが多く、彼らは因襲に縛られた貴族社会や家族制度に対する反逆者として描かれている。また、宮崎駿のアニメーション『もののけ姫』も、網野の学説に多くのイメージを由来しているように思える。宮崎の描いた最も興味深いキャラクターである「エボシ御前」と、彼女が率いるタタラ場共同体こそ、網野が描くアジールのある種の映像化ではないだろうか(もっとも、皇室と非農耕民、芸能民との関係については、宮崎はあえて遠ざけた)。

網野史観の根源的な誤り

しかし、この網野善彦の歴史観は、やはり、過去の歴史に自らの理想を読み取ろうとする一面的なものだった。そもそも、まず戦国乱世の「自由」と、網野が理想とする近代的な「自由」とは本質的に全く異なる概念なのだ。あえて言えば、戦国時代における「自由」とは「乱暴狼藉の自由」「弱肉強食の自由」という言葉でしか表せないものだった。

思想史家・渡辺京二の著作『日本近世の起源』(洋泉社)は、網野が讃美する「アジール」に対する的確な批判であるとともに、網野史観がいかに戦後左翼的な価値観に根差しており、その視点が歴史の現実をゆがめているかを説得力ある筆致で指摘している。

網野がアジールこと、無縁所の典型例の一つとして挙げている寺社に、若狭国・正昭院がある。この寺は、外界で「闘争喧嘩、殺害刃傷、山海之両賊」など「以下様の重科人たるといえども」いったんここに逃れこめば保護され、科人の主人も立ち入ることや彼らを引き出すことは許されないという権利を、守護大名の武田氏から承認されていた。

網野にとって、このようなアジールは、大名の支配から逃れた民衆の解放区の場として評価される。しかし、渡辺は素直に資料を読めば、そこは喧嘩やトラブルを起こし、場合によっては人を殺してしまった者が逃げ込む場でしかなく、支配者への抵抗とか自由の擁護とかいうのは網野の思い込みに過ぎないと批判した。

渡辺も、駆け込んだ人間の中には、大名などの過酷な支配に耐えられなかったもの、また、その支配に抵抗したものもいた可能性は認める。しかし、アジールは、網野の言うような「民衆が逃げ込む一種の解放区」と美化されるべきものではない。現実に逃げ込んだ人の中には殺人者も犯罪者もいたのであり、彼らは復讐や刑罰から逃れようとしたのだ。さらに、渡辺は守護大名がなぜこの寺をアジールとして認めたかと言えば、そこが大名の菩提寺だったからだと指摘する。以下の渡辺の文章はまことに説得力に富む。

この寺には以前から現世の裁きないし支配を逃れて駈けこむ者がいた。そのこと自体不思議はなく、寺社には昔からアジールの伝統があったのである。しかしこの時代、寺社の聖性の機能は低下していて、寺社だからといって駈けこみ人を追手から保護できるとは限らなかった。しかし、無縁所と（領主等により）認定されれば、寺社はふたたびアジールとしての力を回復できた。

（中略）なぜ武田氏は正昭院を法の及ばぬ場所と指定したのか。（中略）菩提寺である正昭院にしばしば駈けこむ者がおり、それを追及する追手なり主人なりによって寺は紛乱の場となり、場合によっては血が流れたであろう。武田氏はそのような騒ぎを先祖の菩提のために不吉として忌んだのであるというのが、最も素直な解釈ではないだろうか。（『日本近世の起源』）

もともと、寺社は歴史的に、聖なる場所、社会秩序の外にあるものとして、アジールとしての性格を当初から持っていた。しかし、その聖性は時代とともに弱体化し、この戦国時代には「無縁所」と認定されない限りアジールとしての性格を持ちえなかったという渡辺の解釈は、網野の理想化よりもはるかに現実に近かろう。そして、寺社の聖性、特殊性は江戸時代にはさらに薄まり、機能を果たさなくなるが、網野の言うような支配権力によるアジールの支配と弱体化ではなく、社会の安定と幕府官吏の合理主義によるものだという説明も納得のいくものである。網野が考えていたような、日本民衆の自由の概念が仏教と結びついたユートピアとしてのアジールという存在に、現実的な根拠はどこにもない。

網野のみならず多くの歴史家が、日本における自由都市の典型として評価した堺市についての渡辺の指摘も的確である。堺では、大商人による寡頭支配が行われていた。戦争や対立を外部から持ち込むことを禁止したのも、別に平和主義とは関係なく、全国が戦乱に満ちている中、貿易港として機能するために必要であったに過ぎない。さらに言えば、堺は自ら武装してその「平和」を維持していたのだ。

さらに、網野が評価した「悪党」的存在も、社会に表れた民衆のエネルギーなどと単純に評価できるものではない。戦国乱世の過酷な日常と、秀吉による天下統一の意義を詳細に描き出した歴史学者・藤木久志の『雑兵たちの戦場』（朝日新聞社）によれば、夜中ひそかに敵陣をかき乱す忍び作戦、つまり夜襲の際には腕利きの「悪党」が使われたが、その実態は次の通りである。

> 女性をだましたり、養ってやると偽って売り飛ばしたり、（支配者から）逃げてきた下人を捕まえて、（元の主人のもとに戻し）金もうけの種にする。また怪しげな旅の呪術師やスリの集団まで抱えこみ、そんな連中を使って、誰にでも雇われ、何でもやってのける。（『雑兵たちの戦場』）

大名もその蛮行には手を焼いていたという。

藤木によれば、鎌倉時代末の悪党と呼ばれた人たち、それこそ後醍醐天皇を支えた存在

として網野が描き出したアウトローたちの実態は、以下のようなものだったのである

「切り取り強盗は武士の習い」「押し借り業とは武士の慣い」というよく知られる諺は、すでに中世の初めには生まれていた。鎌倉時代に「夜討、強盗、山賊は世の常のことなり」と公言されていたのである。(『雑兵たちの戦場』)

そして戦国時代、北条氏の領土において、海賊たちは、戦場では両軍に「夜討・放火・生捕」をかけ、女、童などをかどわかすなどの蛮行を平然と行っていた。網野が評価した商人たちの自由な経済活動の中には、戦場における「敵味方の両方に通じて、食料や武器弾薬の取引で大もうけし、生け捕られた男女の買戻しに腕を振るう」死の商人がしばしば存在したのだ。

これらの現象を、現代の視点から道徳的に論難することは無意味である。しかし、このような行為を、民衆のエネルギーが既成の秩序に挑戦しているかのように美化することも、左翼史観の偏見にほかならない。

乱暴狼藉を働く雑兵たち

一五六三年に来日、一五九七年に長崎で亡くなるまで、一時的にマカオに移動した以外は日本で生活、織田信長他多くの戦国武将とも対面したポルトガル人宣教師ルイス・フロイスの『日本史』は、当時の白人特有の偏見も含めて、読みだしたら止まらない興味深い資料である。そこには、薩摩の島津氏と豊後の大友氏の戦場における衝撃的な記述がある。

薩摩軍が豊後で捕虜にした人々の一部は、肥後の国に連行されて売却された。その年、肥後の住民はひどい飢饉と労苦に悩まされ、己が身を養うことすらおぼつかない状態にあったから、買いとった連中まで養えるわけがなく、彼らはまるで家畜のように高来(タカク)(島原半島)に連れて行かれた。かくて三会(ミエ)や島原の地では、時に四十名もが一まとめにされて売られていた。肥後の住民はこれらのよそ者から免れようと、豊後の婦人や男女の子供たちを、二束三文で売却した。売られた人々の数はおびただしかった。(松田毅一・川崎桃太訳『完訳フロイス日本史8』中公文庫)

当時の戦国大名の軍隊は、仮に百人の兵士がいても、騎馬武者はせいぜい十名、残りはその武士に奉公する、若党、足軽などと呼ばれた「侍」、そして戦場で主君を助けて馬を引き、槍を持つ「下人」、さらには、村々から駆り出されて物を運ぶ「百姓」たちであった。戦場において「雑兵」として「乱暴狼藉」を働いたのは彼等、つまり騎馬武者を除くほとんどの勢力だったのだ。さらに、戦場を略奪や金儲けの場と考える、山賊、海賊、商人たちも含まれる。

この「雑兵」たちにとって、戦場とは乱取と言われる略奪の場だった。実例として藤木は武田氏の資料『甲陽軍鑑』を挙げる。確かに、そこには戦場の略奪を戒める指摘もあるが、それは戦場において勝敗を無視して略奪にふけってはならぬとするもので、略奪それ自体を否定したものではない。

> 某（それがし）大将にて、此のあたりの衆を引き連れ、関の山のあなたまで放火いたし、輝虎公の御座城へ……近所まで働き候て、越後のものをらんどり仕り、此方（こなた）へ召し遣うこと、ただこれ信玄公御ほこさきの盛んなる故なり、
>
> 越後の内を此方へ少しもとる事なけれども……越後へはたらき、輝虎居城春日山……近所へ焼きつめ、らんぼうに女・わらんべを取りて、子細なく帰る……（『雑兵たちの戦場』）

輝虎とは上杉謙信のことで、武田軍は、この戦争では春日城まで肉薄したものの、領土を奪い取ることはできなかったが、女、子供を「乱取り」した、これぞ武田信玄公の武力盛んなるあかしだ、と堂々と語っている。

分捕りの刀・脇差・目貫・こうがい・はばきをはづし、よろしき身廻りになる。馬・女など乱取につかみ、これにてもよろしく成る故、御待ちの国々の民百姓まで、ことごとく富貴して、勇み安泰なれば、騒ぐべき候、少しもなし、(『雑兵たちの戦場』)

雑兵たちは、敵を倒せばその刀や武具を奪い、馬や女性などを「乱取」し「よろしき身廻り」つまり豊かになろうとしたのである。武田氏の領内で待つ雑兵たちの家族や同じ村人は、彼らが持ち帰る略奪品によって豊かになり、国は活気にあふれ安泰だった。武田氏に連れ去られた被害者を親戚が買い戻すことはできたが、これもまた雑兵たちを富ませることになる。

この事実は、権力者や武士に踏みにじられる哀れな農民というイメージを打ち砕く。農村は、確かに戦場になれば踏み荒らされ、また敵国に打撃を与えるために焼き払われた。

しかし同時に、農民は自ら戦争に従事し、そこでの略奪によって、自らも、そして故郷の家族をも豊かにしようとし、そのことを誇らしくも思っていたのである。

戦国時代、大名同士の戦争を、農民は迷惑がるか、もしくはどちらが勝っても関係ないものとして傍観者的に眺めていたという、よくある歴史小説的な風景は、現実とはかけ離れたものだった。いや、むしろ、戦場に略奪に赴かねば飢餓に襲われるような危機的状況が、戦国時代には日常として存在していたのだ。

経済が要因の略奪と人身売買

藤木は、戦国時代の武田氏のライバルであり「敵に塩を送る」高潔な武士として語られる、上杉謙信の国外遠征、特に、遠距離の行軍となる関東地方への遠征が、ほぼ冬から春にかけて（長期越冬型と藤木は呼ぶ）のものであることに注目した。

二毛作のできない越後では、年が明けて春になると、畠の作物が獲れる夏までは、端境期（はざかいき）と言って、村は深刻な食糧不足に直面した。冬場の口減らしは切実な問題であった。（『雑兵たちの戦場』）

山深い村では、耕作だけでは生活は立たない。特に飢餓や凶作の年には、農閑期・端境期の人減らしとして、そして何よりも略奪による富の獲得として、戦場は最も有効な経済の場として機能していたのだ。

この農村の貧しさには、戦場における「苅田狼藉」による被害も大きかった。戦場になれば田畑は蹂躙されたのは想像に難くないが、その有様は、小早川隆景が父である毛利元就の戦法を伝えたとされる『永禄伝記』に描かれている。それは、現代の私たちの想像を超える惨憺たるものだった。

> 春は、苗代（なわしろ）草・麦を返して、田畠を荒らし、夏は、麦作を刈り、植田を混（まじ）うに民を労し、秋は、畠作を取り、刈田をして、年貢を障（さわ）り、冬は、倉廩（そうりん）を破り、民屋を焼き、餓凍（がとう）に至らしむる……（『雑兵たちの戦場』）

春は苗代やまだ青い麦、夏は実った麦や、稲を植えた田んぼが荒らされる。秋は実った作物や米が奪われ、冬は作物や米を蓄えた蔵が焼かれる。結果、飢餓の冬に人々は凍える。刈り取った稲穂などは戦場の馬の餌にもされた。藤木は「雑兵たちが飢餓の戦場で生き抜く、せつない手立てでもあったが、その根こそぎの苅田によって土地は荒廃した」と、農民同士がお互いの土地を滅ぼしあう悲劇を抑制のきいた言葉で表している。このような略奪に田畠がしばしばさらされれば、農民が農作業に嫌気がさすのも当然だろう。彼らが雑兵として、戦場こそが「収入の場」と考えたのも理解できないことはない。

この「乱取」では、先述したように、非戦闘員である女性や子供も含めて、多くの人間が捕らわれ、かつ売られた。

先述した上杉謙信は、一五六六年二月、常陸小田城（現在のつくば市）を陥落させたとき、城下はたちまち人の売り買いをする場となり、二十文から三十文で人間が売られていった。藤木が指摘するように、これは軍と人買い商人の結託によるものだろう。彼らの多くは、人質として金銭による買戻しの対象となったり、あるいは下人として労働をさせられ、また女性の場合は売春などに従事させられたこともあった。

フロイスは極力触れようとしないが、彼らの中にはポルトガル船を通じて、海外に奴隷として売られた者もいた。九州における過酷な戦争と人身売買の現実が、豊臣秀吉の対内・対外政策に大きな影響を与えたことは確実だが、この問題については、後に豊臣秀吉とキリシタンとの出会いについて論じる際に再考する。だが、戦国時代がこのような、飢餓、戦争、そして略奪という過酷な現実に満ちたアナーキーな時代だったことは再確認しておく必要がある。

同時に、このような資料が多く残されているのは、戦国大名たちが一定程度はこの「乱取」を禁止し始め、その布令が出されているからでもあった。

豊臣秀吉の天下統一時代にこの人身売買禁止令は強化される。先んじて言っておけば、秀吉のキリスト教禁令の本質は、ポルトガル人への売買のみならず、全国規模の「乱取」と、それに基づく奴隷売買禁止政策と密接に結びついている。もちろん、秀吉晩年の朝鮮遠征時も多くの朝鮮人が「乱取」され日本に連れてこられたし、その後の関ヶ原合戦や大坂夏の陣などでもその事例は続いている。だが「天下統一」と平和的秩序の実現が、このような飢餓と略奪の循環である「戦国乱世」を終わらせ、雑兵たちを農民としての平和な生活に戻したことは確実である。

乱世を終わらせることは、単に権力者のみならず、このような生活に疲弊した民衆自身の希望でもあったに違いない。それを「自由」の弾圧とみるならば、それは単なるアナーキーな弱肉強食の状態を正当化することに他ならない。

一向一揆の虚実

このような「乱世」の時代だったからこそ、人々は精神のよりどころを信仰に求めた。そして、網野に限らず、多くの戦後史家によって民衆の信仰として評価されたのが浄土真宗であり、彼らは一向一揆を、農民大衆の自治を目指す戦いのように論じ、特に一揆勢が支配したとされる加賀を農民共和国のように評価する傾向があった。しかし、歴史家・神田千里の著作『戦国と宗教』（岩波新書）、『宗教で読む戦国時代』（講談社選書）などの近年の研究によれば、この一向一揆像も全くの幻想である。

一四七一年、優れた組織者であった本願寺第八代住持・蓮如は、加賀国境に近い越前国吉崎を拠点に布教活動を行い、多くの武士が入信した。当時の加賀は応仁の乱の影響から、国内の武士たちが東軍（細川勝元方）と西軍（山名宗全方）に別れて争っており、本願寺門徒は東軍派の富樫政親を支持していた。

そもそも加賀の地において、浄土真宗は本願寺派よりも、高田派と呼ばれる真宗流派が優勢であり、高田派は西軍の富樫幸千代を支持している。宗派間と武家勢力双方の対立が絡み合っていたのが当時の加賀の情勢であり、農民対武士の闘いなどでは全くなかった。最終的にこの戦いでは、本願寺が支持した東軍が一四七四年に勝利し、富樫政親が守護につく。

その後、加賀では富樫政親と本願寺門徒の間に対立が生じるが、それも信仰の問題でも階級の対立でもなく、本願寺派と領主間の、経済的利得や領土をめぐる争いである。結局、政親が彼に背いた武士たちと本願寺派の連合により一四八八年に滅ぼされ、富樫泰高が守護職に立つ。これがいわゆる加賀一向一揆である。その後、政親を支持していた将軍・足利義尚は加賀を討伐せんとするが、有力大名・細川政元の抑制により中止、逆に本願寺は政元に大きな「借り」を作った。そして将軍・義尚没後、一五〇六年に足利義材と政元の支持する足利義澄との対立が起きた時は、本願寺は政元を支持、特に加賀の信徒が多数動員されたと神田は指摘する。当時の政治抗争に利害関係から協力し軍事的に行動する有様は、他の戦国大名と何の変わりもない。

また、織田信長と本願寺との戦争、いわゆる「石山合戦」においても、いわゆる信長が本願寺の信仰を正面から否定した事実はない。一五七〇年、本願寺側が信徒に反信長の蜂起を呼び掛けたことに仰天したのは織田信長の方だった。この蜂起も、信長が攻撃した三好三人衆、朝倉氏、浅井氏らの各大名と本願寺が政治的に密接な関係があったからであり、大名同士の抗争の一方に本願寺がついたに過ぎない。信長は三度にわたって本願寺との和平を結んでおり、当初は本願寺を根絶やしにする意志などはなかった。

その和平をむしろ自分から破ったのは本願寺の側である。一五七六年、最後の石山合戦に至ったのは、京を追放された足利義昭の呼びかけに本願寺が応じたことによる。約四年間にわたる闘いの後の和平条約でも、信長は本願寺の大坂からの立ち退きは命じたが、教団の存続は認めている。もちろん信長が、越前や長島の一向一揆をせん滅している事例はある。しかしそのような戦いは他の戦国大名でもありえたことであり、この最終段階の和平では、何ら本願寺教団の信仰は禁じられていない。

だが、神田の緻密な資料分析に敬意を表しつつも、信長が本願寺を、他の大名以上に危険な政治勢力と考え、その力を削ごうとしたことは充分あり得ることと筆者は思う。本願寺教団は、一つの政治勢力として他の戦国大名同様、領土を維持するために諸勢力と同盟を結び、信長と戦った。しかしその過程で、「本願寺を守る戦争に参加し、仏敵を倒せば往生できる」という信仰に基づく信者への扇動がなされていたことが、いくつかの記録にも残されている。それは、天下を統一しようとする信長にとって、極めて危険な思想、信仰の論理を政治に悪用するものと映った。

天道思想——戦国における宗教

この乱世の時代に、最も普遍的で重要な民衆の信仰形態として見逃せないのが、神田の紹介する「天道」信仰である。これについては続く章でも何度か触れることになるが、この観念を最もよく表すものとして、神田は『北条早雲遺訓』をあげている。

「拝みをする事、身の行いなり、ただ心を直(すぐ)にやわらかにもち、正直・憲法にして、上たるをば敬い、下たるをば憐み、有るをば有るとし、無きをば無きとし、有りのまゝなる心もち、仏意冥慮にも適うと見えたり、縦(たと)い祈らずとも、この心もちあらば、神明の加護これあるべし、祈るとも心曲がらば、天道に放され申さんと慎むべし」(『宗教で読む戦国時代』)

神田はこの文章を次のように分析していく。まず「仏意冥慮にも適」い「神明の加護」を願い「天道に放され」ないよう努めるとあるように、「天道」は人間に恩恵を与える存在である。また、神仏への信仰が重視され、同時に、「身の行い」「正直」「上たるをば敬い、下たるをば憐み」といった、世俗道徳や秩序を重んじる姿勢である。「天道」はこれらの要素を統合する概念なのだ。

明日をも知れぬ戦場に赴く武士や大名は、運を超越的な「天道」に任すほかはなかった。勝利も敗北も、この「天道」のなせる業だと考える、いわば天の配剤が信じられており、かつ、その天道の摂理をもたらすものは神仏であり、それへの信仰は不可欠となる。

ここでの「神仏」を、神田は、当時の人々は次のように考えていたはずだと指摘する。

　もともと日本人には平安時代くらいから神仏は一体であるとの観念は強かった。（中略）日本の個々の神は、じつはその本地である仏の化身であり、仏が日本の地に日本人にわかりやすく姿を顕したもの、すなわち垂迹である、と考えられていた。（『宗教で読む戦国時代』）

　さらに神田は、様々な神仏が信仰され、崇拝されていたが、それらの神仏は、実は究極的には同一の存在であるとみなされていたと指摘する。このような見地に立てば、すべての信仰は、皆同じ一つの真理を目指しているという、汎神論的な世界観に至るだろう。

　この発想には、神道のアニミズムが深く関係している。「天道」は宗教的であるとともに、まさに「天の道」、太陽や月の運行のような定まった自然の道行きとも重なるものだった。自然は基本的には変わらぬ秩序を体現する。となれば、社会における秩序や道徳も、それと同様に求められ、それは信仰の証、天道への畏敬とも結びつくものとなる。超越的な価値としての天道、自然と結びついた普遍的な信仰、そして社会道徳が結びつくところに、この天道思想の本質があった。

この、一見素朴で、かつ穏健な信仰に映る天道思想は、乱世の時代に、切実なまでに庶民にも大名にも受け入れられたのではないか。「乱暴狼藉」の時代、逆に人々は明日の生命をも知れず、かつての伝統秩序は崩れ、自力更生と下克上、戦場の勝敗が略奪や人身売買をも伴うような現実をも「天道」の示すものとして受け入れるしかなかった。逆に、この信仰、この理想だけが正しいという一元的な価値観は、誰が勝ち誰が負けるかも、いや、生き残れるかもわからぬ乱世には説得力を持ちえず、しかし、それでも世界には何らかの「天道」があり、それはある道徳的な権威でもあるはずだと思わねば、逆に世界は果てしなき弱肉強食に陥ってしまう。「天道思想」はその意味で、乱世の世に生まれた日本独自のモラルと、様々な信仰や多様な価値観を受け入れる寛容さを持ち合わせた日本精神だった。

そして、このような戦国乱世の世にもたらされた「キリシタン」ことキリスト教、それもイエズス会というカトリックの「戦士」たちとの出会いと、乱世が信長、秀吉、そして家康による統一と「平和」の実現に向かう中での別れ、それが日本近世における、最初の西洋文明との遭遇と対決のドラマとなって現れたのである。

第二章　イグナティウス・デ・ロヨラと『霊操』

トルデシリャス条約という世界分割

　このような戦国乱世の時代、日本は西洋との最初の出会いを迎える。ポルトガル人の日本来航である。

　ポルトガルでは、一三八三年から一三八五年にかけて、宮廷クーデターと民衆反乱によって人望なき旧王朝が倒され、新興のアヴィス王朝が成立、ジョアン一世が国王となり、中小貴族と新興富裕層による身分制議会が成立していた。この革命による国家的団結が、海外進出への大きな基盤となった。国内での一定の近代化の進展、そして国民意識の芽生えが、対外進出に転嫁するというこの構図は、西洋近代の歴史的傾向となっていく。

　そして、ポルトガル船をアフリカ西岸に南下させ、アジアに渡る経路を開拓したのが、ジョアン一世の息子で「航海王子」の名を持つエンリケだった。エンリケはこれまで、しばしば新世界発見の夢を抱く啓蒙的君主とみなされてきた。しかしこの航海の目的は、イスラムに対する聖戦とキリスト教「布教」、そして金と奴隷の獲得だった。事実、アフリカ西岸では、むごたらしい奴隷狩りが行われた。
思想史家・渡辺京二は、著書『バテレンの世紀』でこの侵略の実態を描いている。

航海者たちは住民を求めて上陸し、彼らを視認するや追跡して捕獲し、集落のありかを白状させると、部隊を編成して襲撃した。（中略）ポルトガル人はこの拉致行為によって、当の被害者にもいいことをしたつもりであった。アフリカのサヴァンナで原始的な暮しをするよりも、ラゴスやリスボンで、たとえその身は奴隷であろうとも、文明的な生活を送るほうがどれほどましだろうか。（中略）大航海時代の幕開けを導いたのが、このような「文明化」の論理だったことは銘記されねばなるまい。（『バテレンの世紀』）

ここには、あらゆる「進歩」という概念の恐ろしさが明らかにされている。

アフリカ西岸のプラヴァを攻撃したとき、ポルトガル兵は住民の女性がつけている銀の腕輪が抜き取れぬというので腕ごと切断した。その数八〇〇に近かった。（『バテレンの世紀』）

西洋文明と信仰の価値を絶対視した人々は、このような非道な強欲をも兼ね備えていた。

この行為を正当化した根拠の一つは、一四九四年、スペインとポルトガルの間で結ばれていたトルデシリャス条約の存在である。コロンブスのアメリカ発見（彼はそれをインドと信じていたが）以後、スペインは世界に植民地を拡大しており、新興国ポルトガルもまた新たな植民地を求めて、両国の利害が衝突する危険性があった。ローマ教皇の何度かの調停を経て、西経四十六度三十七分を分界線とし、そこから東で新たに発見された地はポルトガルに、西の地はスペインに領土保有の権利と、同時にキリスト教布教の義務が与えられることになった。

エンリケ航海王子

トルデシリャスは交渉と調印が行われたスペインの都市だが、この条約は大国による世界分割支配の最初の表れである。当事者を無視したこの条約により、ポルトガル王国にはアジア貿易と植民地支配についての独占権が認められ、そして布教面は、当時のカトリック教会において最も熱心な対外布教活動を行っていたイエズス会にゆだねられることになった。
ポルトガルのヴァスコ・ダ・ガマがインドを訪れ、喜望峰回りの東インド航路が開かれたのも同じ一四九四年のことである。さらにポルトガルはインドにわたり、ゴアに植民地を建設、マラッカ海峡を経て中国（当時は明国）に到着する。

このとき、既にインド洋には、民族や宗教、そして国家とも無関係の、自由な交易の世界がアジア諸民族により確立していた。

これは、明とインドという二大国が、当時海上支配に無関心だったことにもよる。明は外国交易を入貢のみに限定し、民間人の海外渡航を許さなかった。だからこそ、現在の広東省や福建省といった地域の貿易業者は密貿易を行うしかなく、ポルトガル人は当初彼ら密輸業者、いわゆる倭寇といわれた勢力に迎えられた。

倭寇については、「前期倭寇」と「後期倭寇」では性格が異なる。前期倭寇は十四世紀、南北朝時代から室町初期に起きており、朝鮮半島や中国北部を海賊船が襲う事件がしばしば起きた。

後期倭寇は十六世紀半ば、今度は南シナ海沿岸で猛威を振るう。これは多くが明国の海商を中心としたものであった。これは、明国の密貿易弾圧への抵抗として起きたもので、戦に慣れた日本武士が指揮官や戦闘員として参加することはあっても、それはあくまで補足的なものであった。後期倭寇は大航海時代の始まりとともに、ポルトガル商人や、また日本の商人とも密貿易を行うようになり、ポルトガルはこの過程で偶然、日本を「発見」

したのだった。
一五四三年、種子島にポルトガル商人が訪れたのが最初の日本との出会いだったとされる。いわゆる鉄砲伝来であるが、これはインドシナから中国に商売に出かけた商船が、暴風に遭って漂着した事例だった。これによって日本への航路が明らかになった後、ポルトガル商人は競って日本に向かおうとした。当時の日本は有数の銀産出国であり、ポルトガルにとって、日本との貿易は何よりも、日本の銀と中国の絹との交換の仲介役による利益をもたらす金の生る木だったのである。

ポルトガルは中国の絹を日本にもたらす際に仕入れ値の四、五倍で売り、さらに日本銀を中国に持ち帰れば両国の金銀比価の差によって暴利をむさぼることができた。
（『バテレンの世紀』）

そして、貿易と同時に「キリスト教布教」が、イエズス会宣教師フランシスコ・ザビエルの、一五四九年鹿児島来日によって始まった。

イエズス会とイグナティウス・デ・ロヨラ

戦国時代、日本を訪れた宣教師たちについて考えるうえで、まず押さえておかなければならないのは、彼らがイエズス会に属していたことだ。そして、イエズス会を考える上で最も重要なのは、やはり創設者であるイグナティウス・デ・ロヨラ、特にその代表作『霊操』に集約される宗教思想である。

イグナティウス・デ・ロヨラは一四九一年、スペインのバスク地方の貴族の子供として生まれた。バスクとはスペイン東北部からフランスにまたがる地域を指し、独自の言語や文化を持っていた。

このような周辺地域の思想家に、中央の正統文化が純化して受け入れられ、独自の発展を遂げることは「周縁地ナショナリズム」としてしばしばみられる傾向である。ロヨラはバスク人気質と言われる「集中力と内省的、控えめで毅然とした態度、自己の下した決定を確固として守り通す意志」を持っていたと、『霊操』の翻訳・解説者である門脇佳吉(かきち)は指摘している。

ロヨラは十六歳の時に騎士として、城主ドン・ホアン・ベラスケスの宮廷に仕えた。宮廷で礼節、乗馬、剣術などを学ぶとともに、伝統的中世騎士道精神がロヨラの精神的な基盤となる。騎士は身分の高い姫に憧憬と忠誠を誓うが、ロヨラもまたカルロス五世の妹カタリーナにその思いを寄せていた。ロヨラは若き日の自分を「世俗の虚栄におぼれ、空しい大きな名誉欲を抱き、武芸に喜びを見出し、ひそかに高貴な貴婦人に憧れ、彼女に仕え、武勲を立てることに夢中になっていた」(自叙伝)と語っている。ここから読み取れるのは、中世騎士道の純粋な継承者たらんとする若者の姿であり、どこかドン・キホーテ的理想主義を思わせる。

その後、ロヨラはナバラ王国(バスク地方の王国)に仕えるが、一五二一年、フランス軍の侵攻を受ける。一万二千のフランス軍は、ナバラの首都パンプローナを攻撃、ロヨラを含む数百名は城に立てこもって激しく抵抗した。ロヨラはこの戦いで脚に砲弾を受け、重傷を負い、ついに城は陥落するが、フランス軍はこの勇猛な騎士に敬意を表し、彼を生まれ故郷に送り返した。

イグナティス・デ・ロヨラ

そこでロヨラは負傷した脚に手術を受けるが、麻酔もない中、一言の悲鳴も上げず、表情すら変えずに耐え抜いたという。一時は病状が悪化し医者もあきらめ、臨終の秘蹟(キリスト教における神秘を顕現する儀式)を受けるが、その後奇跡的に快復する。しかし、脚の砕けた骨がゆがんだ形で癒着したため、ロヨラはその矯正に再び手術を希望し、さらに苦痛に耐える。そして、快復を待つ間に偶然手にした本が、聖人伝とイエス・キリストの生涯についてのものだった。ここからロヨラの信仰への目覚めが始まる。

ロヨラの宗教体験は、彼自身の言葉によれば、多くの宗教者とは異なり、神秘体験よりも理性的な自己分析から始まっている。ロヨラには病床での読書を通じ、聖人たちのようにキリストに奉仕する一生を送りたいという思いが沸き起こってきたが、同時に、かつて憧れた貴婦人への思いもそれを追うように募ってくるのを感じた。しかし、貴婦人のことを考えているときは、一時は喜びを得ても、その後は寂しさと不満が残る。しかし、エルサレムへの巡礼や聖人のような人生を送りたいという思いは、その後も満足感や喜びが残る。そしてある時ロヨラは「魂の眼」が開かれ、自分を動かす霊的な力には、神からのものと「暗闇の力」の二つがあることを悟るようになる。

もう一つの体験は、ある夜、幼きイエスを抱いた聖母マリアの姿が目の前に現れ、言い知れぬ大きな慰めを得られたというものだった。この体験によって「過去の生活全体、ことに肉欲に対して非常な嫌悪を覚え、それまで魂に描かれていたすべての彫像が取り除かれた」こと、この後は「肉の誘惑」に駆られることは全くなかったとロヨラは断言している。

これは私のような非信者から見れば、ロヨラがそれまで抱いていた貴婦人への憧憬が宗教的イメージに昇華されることにより、「聖人のように生きたい」意志と騎士道的恋愛が統一されたものと思える。もともと、騎士道における恋愛対象とは現実の女性というよりも理想化された観念的な存在であり（騎士道物語においては、しばしば決して結ばれえない存在である王妃が恋愛の対象になる）、聖母的な存在として抽象化され、信仰と一体化することは決して不自然ではない。

この後ロヨラは騎士から信仰者への道を歩むことになる。そして巡礼者としての様々な修行の過程で、決定的な宗教体験を受けたという。ロヨラはある河畔で、突然何の前触れもなく、「魂の眼が開け、多くのことを理解し悟った」と自叙伝に記している。

「六十二歳になる今日までの生涯を通じて、神が教えてくださったすべてと、自ら学んだすべてを総括しても、このとき一度で受けた照らしには到底及ばない。（中略）あたかも別の人間になった」

これらの言葉はロヨラにとっては真理だが、第三者には理解の及ばないことだ。だが、ロヨラがやはり宗教者として偉大だったのは、この体験を絶対化することなく、ラテン語を学び、いくつかの大学でルネッサンス時代の人文学を学ぶことで自らの体験を普遍化していったことである。その過程でロヨラは宗教裁判所に訴えられ、逮捕、投獄もされており、彼の思想はカトリック伝統からは異端視されるものであったこともわかる。

当時はヨーロッパで最高学府とされたパリ大学に一五二八年入学、約七年間にわたり、神学、哲学、人文学を学ぶ。この過程でロヨラの代表作『霊操』は書かれたようだ。このパリでは、後に日本布教の第一号となるフランシスコ・ザビエルをはじめ、多くの人がロヨラに従い、一五三四年、ザビエルを含む最も中枢のメンバー七人でイエズス会が結成される。ロヨラの宗教的情熱とその学識の深さは、ローマ教皇にも評価され、一五四〇年にイエズス会が正式に認可される。イエズス会はその後、学校経営（神学校のみならず一般学校も）などで業績を上げ、さらには諸国への布教活動の精鋭部隊となった。騎士であり戦争体験もあったロヨラは、イエズス会をある種の軍隊組織のように作り上げていく。

霊操の思想――近代における「原理主義」のはじまり

ロヨラの著作『霊操』が正式版として出版されたのは一五四八年である。この題名は「良心を究明すること、黙想すること、観想すること、その他霊的働きなどのあらゆる方法」を意味し、体操がからだを健康にするように、霊操とは「魂を準備し、調えるあらゆる方法」であった。その目指すことは「すべての邪な愛着を己から除き去り、魂の救いのために」自分がどのように生きるかについて、神の御旨を探し、見出すことにあるとされる。そしてこの本冒頭の「根源と礎」には、ロヨラの思想の根源が明確に提示されていた。

人間は創造されつつある。それは、主なる神を讃美し、敬い、仕えるため、また、それによって、自分の魂を救うためである。さらに、地上の他のものが創られつつあるのも、人間のためであり、人間が創られた目的を達成する上で、それらのものが人間を助けるためである。

（中略）われわれは、自分の自由意思に委ねられ、禁じられていない限り、すべての被造物に対してわれわれ自身を不偏にする必要がある。それを具体的に言えば、われわれの方からは、病気よりも健康を、貧しさよりは富を、不名誉よりは名誉を、短命よりも長生きなどを好むことなく、ただわれわれが創られた目的へよりよく導くものだけを好み、選ぶべきである。（門脇佳吉訳『霊操』岩波文庫）

ロヨラはルネッサンス時代の子であり、人間の「自由意志」の重要性をよく理解していた。そして、彼の目的はこの自由意志と、宗教的使命感との結合にあった。

人間はあくまで神によって創られ、その使命を帯びた存在であり、他の万物を支配する。しかし同時に、人間は自由意志を持つ。この自由意志によって、おのれの行為のすべてを、神の意志に添うように選び取ること、その判断基準を持つことが霊操の目的である。そのためには、あらゆる既存の価値観を脱却しなければならない。

まず霊操者は、キリストのために何をなすべきかを真剣に考えることによって、「キリストの国」に招かれる。そして、全人類のために十字架につけられたキリストが、霊操者に「神の栄光のために、自分とともに苦楽を共にする」ことを呼び掛けているのを受け止め、自らがキリストと同じように生きる道を歩むようになる。ロヨラは『霊操』全編にわたって、こと細かく、聖書の適合箇所を紹介しつつ、霊操者自身が、瞑想を通じてこのような体験を経ていく過程を詳細に描き出していくが、ここには確かに説得力のある意識変容の過程が示されている。

同時に、この瞑想体験の過程には、自らの体験が正しいか否かを常に判断する、既に霊操を実践した指導者が必要であり、そうでなければ「悪魔」の側に堕ちてしまう。ロヨラは人間を、光と闇の双方から影響を受け、神と悪霊によって動かされている存在とみなした。全世界においてこの光と闇の闘いは続いており、霊操者の精神の中でもそれは同様である。その峻別が必要であるからこそ、霊操は指導者のもとで、自らの体験がいずれからのものであるかを常に指導されていなければならない。この関係は、密教の修行同様に、ある種の「導師」への服従による徹底した自己改造の道程となる。

さらに『霊操』が、理想的な王国「キリストの国」について説くところを見てみよう。まず、イエス・キリストが福音を伝えている情景を想像する。

人間味あふれる一人の王を眼前に想像する。この人は主なる神から直接に王に選ばれたので、他のすべてのキリスト教諸侯とすべての信者はこの王を尊敬し、従うのである。（『霊操』）

さらに、「永遠の王であられる主キリスト」が、全世界の人々に呼びかけているところを考察する。

「私は、全世界とすべての敵を征服し、『わが父』の栄光に入ろうと思う。これが私の揺るがぬ意志である。それであるから、私に従おうと思うものは、私と共に働かなければならない。私と労苦を共にするものは、私と栄光をも共にするであろう」（『霊操』）

そして、このような霊操を通じ、霊操者自身は次のような意志を抱くようになる。

「永遠の王であり万物の王である方よ、私は御身の御愛顧と御助けのもとに私自身を奉献いたします。御身の限りない慈しみの御前に立ち、栄光に満ちた御母と天国のすべての聖人の御前において、次のことを誓いますことは私の切望し、熱願するところであり、熟慮のすえの私の決心であることを告白します。御身へのより多いなる奉仕と讃美となることのみを願い、あらゆる罵詈雑言と全き清貧、心の貧しさと実際上の貧しさを堪え忍び、御身に倣い奉る決意です。『神聖な威厳に満ちた方』が私を選び、私をこのような生活と身分に受け入れてくださるよう切にお願いします」（『霊操』）

そして霊操者は「二つの旗」こと、神と悪魔ルシフェルの旗を黙想する。ルシフェルは、富、傲慢、空しき世俗の名誉に囚われた人々を率い、神は、清貧、世俗的名誉に対する辱めと蔑み、そして謙遜の側に立つ。ここで言う謙遜とは、自分の生命を賭しても罪を犯さず、キリストへの愛のために、同じように貧しく、さげすまれ、愚者とみなされることを望み、キリストに似たものになることを意味する。それによって、キリストが十字架につけられたように、霊操者は進んで神の意志に自らのすべてをゆだねることができるようになる。そして、聖書に書かれたキリストの生涯を眼前にありありと浮かび上がらせる霊操を行うことで、復活したキリストが共に歩み、自分を力強く導いていることを体感する。最終的には、神がどれほどの愛を世界に注ぎ、正義・善・慈悲といったあらゆる良きものが、神から世界に注がれていることを悟るようになる。

この霊操全体の構造を、訳者の門脇佳吉は、禅宗の瞑想にも通じる「悟り」の世界と、ルネッサンスヒューマニズムの到達点として解釈し、「二つの旗」にみられる神と悪魔との戦いを、現代心理学における内面の葛藤として分析した。しかし、ロヨラの思想にそのような現代に通じる普遍性があるとしても、当時は「キリストの国」が、キリスト教以外のすべての宗教を邪教、悪魔の思想とみなし、宗教や文明の多様性を認めず「二つの旗」という神と悪魔という極端な二分化の思想として修道士たちには受け入れられていたことも、また一つの歴史的事実として認めねばなるまい。

霊操とは、一人一人のイエズス会修道士を「異郷の国をことごとく征服」し、キリスト教をあまねく広げる、さらに現実的に言えば、ローマ教皇を頂点としたカトリックの世界観のもとに統一することを目指す戦士に改造するためのものでもあった。「キリストの国」とはそれ以外を現実的には意味しない。イエズス会がしばしば強烈な陰謀集団として語られたのも、彼らが会の行動の正当化や宣伝のために、しばしば誇張や虚言をも行うなど（後の天正遣欧使節の記録に私たちはそれを見ることになるだろう）目的のためには手段を選ばない性格を有していたからである。

　同時に、この霊操とは、形骸化、慣習化していたカトリック信仰を、再び修道士の中に神秘体験を通じて蘇生させ、かつ、ルネッサンス時代に誕生した近代の自由思想に抗して、古代の宗教意識を復興することを目指していた。ロヨラ自身ルネッサンス人として、エラスムスら人文学者たちの著作を深く学び、人間の自由意志の価値も理解していた。その上で彼は、神秘体験を導き出すためのある種の「修行体系」を作り出すことにより、近代人の精神に、古代にキリストが説いたままのイメージを蘇らせ、再びキリスト教信仰を蘇生させようとしたのである。これはある種の復古主義、もっと言えば宗教原理主義的なものすら感じさせる。

　優れた指導者の導きで霊操者がそのような体験を得た時には、ある種の絶対的な忠誠が指導者と霊操者の間に生じたとしても何の不思議もない。ここに、イエズス会が軍隊以上の、ある種の秘密宗教結社的な団結力を維持できた根本的な原因があり、同時に危険な秘密結社として偏見を持たれた理由もあったのだろう。

　そしてこのロヨラの思想とイエズス会の姿は、戦闘的信仰集団であるとともに、この世にただ一つの正義の価値観に根差した国を打ち立てようとする後世の革命家、もっと言えば共産主義前衛政党の論理との共通性を持つ。秘密主義的なエリート革命家の集団、一元的な理想による世界の統治、そして自らの精神を「キリスト教化」あるいは「共産主義化」し、ついにはそれを民衆に強いていくことによって恐るべき宗教的全体主義体制を作り出してしまう危険性をも併せ持つ。これはドストエフスキーが『大審問官』で描き出した、唯一人の宗教的指導者が民衆の上に独裁者として君臨する姿そのものである。

もちろん、ロヨラは、神への感謝と、それによって世界のすべてが肯定されるような美しいイメージをもって『霊操』を閉じ、そのような宗教的体験の実現を人間性の完成にみているが、このような美しさが、政治的に実現されようとするとき、その理想に沿わない現実に対しどれほど暴力的にふるまうかを、二十世紀を経て人類は経験したのだ。

いずれにせよ、このようなロヨラの『霊操』を体験し、布教のための信念を抱いたイエズス会修道士が、日本にキリスト教を最初にもたらした。その最初の一人がフランシスコ・ザビエルであった。

フランシスコ・ザビエルの航海

一五四一年、三十五歳のフランシスコ・ザビエルは、イエズス会士としての布教のため、喜望峰経由でインドに向かうべく、リスボンを発つ。五〇〇トン前後のこの船に数百人が詰め込まれていた。もちろん彼らのほとんどは東洋で一山当てようという冒険商人や無法者だった。当時のインド渡航はまさに地獄の航海であり、アフリカ沖の炎熱のもと、飲料水はしばしば腐敗し、伝染病は流行しやすく、乗船者たちの喧嘩も果てしなかった。病気で死に至るものもいた。しかし、ザビエルは一人冷静さを保ち、修道士を特別扱いしようとする船長の申し出も断り、自分にあてがわれる安楽な船室には病人を寝かせ、食料もしばしば他人に分けあたえた。

ザビエルはロヨラ宛の書簡で、この航海のありさまをこう伝えている。

私達は艦隊の中で病気になった可哀想な病人の看護を引受けた。彼等の告解を聴き、彼等に聖体を拝領せしめ、よき最期を遂げる様に、彼等を助けることが、私の一日の仕事であった。（垣花秀武『イグナティウス・デ・ロヨラ』講談社）

ザビエル自身も、一時は死線をさまようほどの熱病に冒されたが「今はあまり体調がよくはない」としか自らのことは記していない。まさに戦士としての修道士であるイエズス会の精神をうかがわせる。

インドのゴアに上陸したのは一五四二年五月。ここから三年間は同地で布教と、病院での看護、子供たちへの教育などに携わる（イエズス会修道士は医療他多くの技術を身につけており、それが布教にも役立つことが多かった）。しかし、ザビエルはインドでの布教に空しさを覚えていたようである。同地ではすでに二万人の信徒がおり、さらにザビエルもまた大奮闘して一万人に洗礼を授けたが、そのキリスト教理解は深いものではなかった。

特にザビエルを怒らせ失望させたのは、現地におけるポルトガル人のありさまだった。ザビエルはポルトガル国王ジョアン三世あてに、現地のポルトガル官僚の腐敗を厳しく批判した書簡を送りつけ、彼らのインド人への迫害や収奪を批判している。ただし、その姿勢は、いわゆる植民地主義批判とは違い、布教への努力が足りないという点に絞られている。

陛下に反対して、不平をかこつ声がこの印度地方から天国に届いているのを、私は如実に聞いているかのように感じられるのでございます。その声に曰く「印度は陛下から頗る薄遇されている」と。何となれば、印度はその土地から出づる、豊かな物質的利益を、悉く捧げて、陛下の倉庫を充たしているのに、陛下は、印度の極めて重大な霊的貧困に関しては、倉庫の些細な一小部分しか、御支出にならないからでございます。（『イグナティウス・デ・ロヨラ』）

ザビエルはポルトガル人の腐敗と圧政こそが、インドの布教の妨げとなっていることを見抜いてはいた。しかし、冒険商人や海賊が主体だったこの時代、国王に訴えたところで解決されるはずもなかった。そもそもポルトガルが支配していたのはゴアを含む数カ所の海岸にすぎない。イエズス会の布教は、まずその国の首都に赴き、国王や宮廷中枢を通じて行うことが最も近道と考えられており、それもインドにおいては不可能だった。

しかしこのインドで、ザビエルは「ヤジロウ(弥次郎)」という薩摩出身の日本人に出会う。ザビエルは彼を通じて、日本人が知的に優秀であることを知った。日本との交易を始めたポルトガル商人たちも、日本人の優秀さをザビエルに伝えた。こうして、フランシスコ・ザビエルは、新たな布教の地として日本を認識することになる。

第三章　イエズス会士・ザビエル

ザビエルと最初期の布教活動

ザビエルが日本人ヤジロウと出会ったのは、一五四八年、モルッカ諸島での布教活動後、インドのゴアに帰る途中のマラッカでのことである。このヤジロウについて、ルイス・フロイスは『日本史』で次のように伝えている。

ヤジロウ自身の語るところによれば、彼は日本で殺人を犯し、役人から逃れるために寺に逃げ込んだ（まさにアジールである）。知人のポルトガル人アルヴァロ・ヴァスの紹介を通じ、ジョルジェ・アルヴァレスというポルトガル船長に歓待され、日本を離れる。ヤジロウはこの時点で、アルヴァレスの友人であるザビエルに会うつもりだったと語るが、正直これは怪しげである。おそらく彼はほとぼりが冷めれば日本に戻るつもりだったのだろうし、事実、マラッカ到着後、明国から日本

フランシスコ・ザビエル

に戻ろうとするが、暴風雨に遭って日本帰国を断念している。

だが、この失敗は逆に彼の安全な日本帰国を実現させることになる。この時再びヴァスと出会ったヤジロウは、今度マラッカに行けば必ずザビエルに会える、そしていつか日本に行くことにもなるだろうと説かれ、ヴァスの船で再びマラッカに赴き、その地でフランシスコ・ザビエルと対面した。

これもヤジロウの言葉によれば、その時ザビエルは彼を抱いて祝福し、ヤジロウはゴアのサンパウロ学院に向かう。そこでヤジロウは洗礼を受けるとともに、ヤジロウが日本から伴ってきたという「日本人従僕」も共に洗礼を受け、ポルトガル語とイエズス会の教えを学んだ。以上が、ヤジロウがヨーロッパのイエズス会に送った手紙からの要約である。

ヤジロウがどのような人物だったのかを伝える正確な資料は判明していないが、おそらく後期倭寇に関係する海賊か商人だったと考えるのが普通だろう。彼の殺人事件や、その後のスムーズなポルトガル人との交流を見ても、何らかの貿易関係者だったとみるのが自然なことである。実際フロイスもヤジロウの運命について、日本帰国後、最後には再び倭寇に参加し、戦闘の中殺されたという話を伝えている。数奇な人生を送ったヤジロウだが、この時点でのキリスト教理解の早さと語学の上達から、彼が並々ならぬ知性を持っていたことがわかる。

フロイスによれば、ヤジロウはキリスト教について学んだことをすべて日本語で書き記し、マタイ福音書はほとんど暗記してしまったという。誇張が含まれているにしても、彼の知性と日本人の知性に対するザビエルたちの感銘が想像できる。しかし、ザビエルが伝えている以下の言葉を読むと、彼がこのヤジロウを通じて日本を知ったことは、ある意味不幸ではなかったかとすら思わせる対話もあるのだ。

パウロ・デ・サンタフェ（弥次郎）が、深い溜息をついてこう言うのが聴かれました。『哀れな日本の異教徒たちよ。汝らは、デウス様が人間のために造り給うた被造物を神（デウス）のように崇拝しているのだ』と。

松田毅一／川崎桃太訳『完訳フロイス日本史6』（中公文庫）

ザビエルは、その言葉の意味をさらにヤジロウに尋ねた。すると彼はこう答えたという。
『私は太陽や月を拝んでいる母国の人々のためにそう申しているのです。イエズス・キリストさまを知る者にとって太陽とか月は（中略）その光によってデウス様を知り、地上においてデウス様ならびにその御子イエズス・キリスト様を栄光あらしめる、いわば人間のための主なるデウス様の召使いにすぎぬものなのですから』と。(『完訳フロイス日本史6』)

確かに、イエズス会の思想からすればその通りだろう。しかしこのヤジロウのあまりに一方的な答えと、それに付け加えた「道理をわきまえた日本人ならばいかなる者もキリシタンにならずにはおれない」という言葉は、ザビエルたちに日本への期待とともに、大きな誤解をも与えたのではないか。ザビエルは、確かに偉大な精神を持った布教者であり、自己犠牲の精神も、アジアにおけるポルトガル人の問題点にも目を向ける公正さもあった。しかし同時に、キリスト教以外の信仰、また西洋以外の文化・文明に対して、その立場を理解しようという姿勢は全く持たず、それは「道理」に合わぬものとしかみなさなかった。この姿勢は、この後もイエズス会士たちの多くが囚われていた概念であった。

ザビエルは日本への途上、マラッカよりポルトガルの管区長に向けて次のような手紙を送っている。

かの日本の地からポルトガル人たちは、同国民は賢明で思慮深く、道理を重んじ、知識欲が旺盛だから、我らの信仰を弘めるのにきわめて適した状態にあると書いて来ています。（中略）私たちは日本に到着しましたならば、まず国王がいる島に行くことにしております。そしてその国王に自分がイエズス・キリストの使節であることを表明するつもりです。聞くところによりますと、国王がいる都の近くには優れた学問所（エストウードス）があるとのことです。私たちはデウス様の御憐れみに信頼し、その敵に打ち勝つことを確信いたしております。かの地の学者たちに出会うことを私たちは恐れてはおりません。すなわち、デウス様もイエズス・キリスト様も知らないような人間が、いったい何を知っていると言えるのでしょうか。（『完訳フロイス日本史６』）

さらにザビエルは、日本では、寺院では僧侶が様々な宗教的なテーマについて題目を与えられ、それについて論じることが行われていること、その過程で鍛えられた僧侶たちは庶民に定期的に説法を行い、人々は涙を流しながら、死と霊魂について、地獄の存在についての法を聴いていると付け加えている。そして、このような宗教的な基盤がある土地であれば、布教は間違いなく成功するという自信をこめた書き方で手紙を結ぶ。

ここには宗教的情熱とともに「知識欲」「道理」、つまり理性を持つ人間であれば、キリスト教が他の宗教よりも偉大であることを必ず理解し受け入れるだろうという確信がある。同時にザビエルが、無智な民衆ではなく権力者や知識人を論破して入信させることへの並々ならぬ自信を抱いていたことを意味する。

ザビエルの布教と「天道」とのすれ違い

一五四九年四月、ザビエルはイエズス会士コスメ・デ・トルレス神父、ジョアン・フェルナンデス修道士、ゴアで洗礼を受けたばかりのヤジロウら三人の日本人、従僕としてマヌエルという中国人、アマドールというインド人とともにゴアを出発、ヤジロウの案内でまずは薩摩半島の坊津に上陸、その後許しを得て同年八月十五日に現在の鹿児島に着いた。

九月には薩摩の守護大名・島津貴久に謁見、彼はザビエルを温かく迎え、宣教も許したが、そもそもザビエル一行は鹿児島に逗留するつもりはなく、一刻も早く「国王」こと天皇のいる京都に向かおうとしていた。ザビエルは都に自分たちを派遣してほしい、もしくは都まで行くことのできる舟を用立ててもらいたいと願うが、貴久は「目下のところは国内で戦争が行われていて、今は希望に応じかねる」というのが答えだった。これは当然のことで、当時島津家は薩摩、大隅、日向各地の豪族と戦闘中だったのである。

ザビエルは約一年間を鹿児島で空しく過ごす。もちろん布教に努めるが、さしたる成果はあがらない。これは何よりも、ザビエルをはじめ日本語で教えを説くほどの語学力を彼らが持っていなかったことによるものだろう。ザビエルはトルレスとフェルナンデスを連れて平戸に移り、そこにトルレスを残して山口に向かい、さらに京都を目指した（フェルナンデスはこのころには日本語をかなり話せるようになっており、通訳の役割を果たしていた）。

苦難の旅であった。彼等は古い毛布と数着の肌着のみで旅し、宿では木の枕とむしろで眠った。空腹と寒さに耐え、険しい山道を越え、何よりも不案内な土地を、山口から京都まで歩んだのである。フロイスの『日本史』は、博多や山口におけるザビエルの旅路における姿勢を伝えているが、これは京都を目指す間も変わることがなかったに違いない。

途次、メストレ・フランシスコ師（ザビエル）はすべてのことで節制し、いとも身を慎んだが、それは非常に些細なことにまで及んだので、実際に目撃した者でなければ理解できないほどであった。道すがら彼は念禱の仕方にまで自制していた。すなわち彼は歩き方まで非常に慎み深く、〔修道士が語ったところによれば〕彼は眼はいうまでもなく身体の他の部分も左右に揺り動かさなかった。また絶えず祈り続けることに慣れており（中略）雪、山、谷などがある道を進む時でも、まったく静かに足を動かすだけであった。（中略）そして家畜小屋のような宿に行き、そこで食事をする時には、道中非常に疲れていたにもかかわらず、いとも謙虚にうやうやしく食べ、その態度はまるで一人の奴隷が偉い主人の前にいて、彼から支給されたものが自分にはもったいなくふさわしくないかのように食事したり振舞ったりするようであった。

（『完訳フロイス日本史6』）

このようなザビエルの日常を厳しく律する姿勢に、私は宗教的使命感を持つ人の気高さを見る。しかし、その態度は同時に、次のような独善的な態度とも背中合わせのものだった。山口の守護大名・大内義隆の前で、ザビエルはキリスト教の教義を述べ、日本人の「偶像崇拝」を非難し、さらには男色の罪を犯している者は禽獣よりも下劣だと罵倒した。そして山口城下でも、日本人は自分たちを創造した全能のデウスを忘れ、デウスの大敵である悪魔が祭られている木石や物質を礼拝していること、男色という忌まわしい罪にふけっていること、子殺しや堕胎が行われていることなどを非難した。確かにザビエルやフェルナンデスの価値観からすれば、これらはいずれも非難に値しただろうが、人々は好奇心は示しても良い反応などあるはずもなかった。そして、ザビエルがようやく京都にたどり着いても、戦乱の続く京都、しかも朝廷へのつてもない彼らに天皇への謁見などできうるはずもなく、空しく山口に戻ることになる。

今度はザビエルもやり方を変えた。正攻法でキリスト教を説くだけでなく、大内義隆に、インドから持ってきた豪華な贈り物をまず捧げたのだ。義隆は喜んで受け取り、布教も快く許した。

ザビエル一行は、この時初めて、日本仏教と正面から対峙することになった。義隆と対面しているときに同席していた僧侶が、あなたが拝んでいる神には、形や色があるのかと尋ね、ザビエルは、デウスには形も色もない、あらゆる元素から離れた純粋の実態であり、創造者であると答えた。さらに僧侶が、ではそのデウスはどこに起源を有するかとさらに尋ねると、ザビエルは、デウスは自ら存在する、デウスは万物の原理であり、全能、全知、全善で、始めも終わりもないからだ、と答えた。

この答えに対する僧侶の反応は、現在の私たちの視点から見ても興味深い。僧侶は真言宗であり「無相の法身と無二無別（姿も形もない永遠の真理）」として大日如来を崇める自分たちの信仰とデウスとはきわめて近いものだと受け止めた。

彼らは司祭に対し、言葉の上では、言語や習慣において、互いに異なってはいるものの、伴天連（バテレン）が認める教義の内容と自分たちのそれは一つであり、同じものだ、と語った。（『完訳フロイス日本史6』）

そしてザビエルたちを僧院に招き、大いにもてなしたのである。

おそらくこれは、当時の日本における「天道信仰」によるキリスト教解釈である。第一章でも触れたように、歴史家・神田千里によれば、戦国時代に最も一般的だった信仰概念は「天道」だった。天道とは、人間の運命を決定する摂理であるとともに、神仏と同等の存在であり、かつ世俗道徳の実践を則し、最後には祈祷など外面の行為よりも内面を重んじることこそが天道に通じるものとする。さらに、当時の日本人は、この天道の存在を、太陽や月をはじめとする天体の運行に実感するとともに、人知を超えた存在とみなしていた。僧侶たちは真言宗という宗派を超えて、この「天道」と「デウス」をも近い存在として受け取ったのだろう。そこには誤解もあったろうが、このような日本の信仰の在り方に対し、ザビエルたちの側にもっと理解があれば、戦国時代のキリスト教は、全く違う展開を見せた可能性はあったのではないだろうか。

もちろん、カトリック信仰の絶対的優位性を信じ、だからこそ厳しい修行にも、異境の地での伝道にも耐えたザビエルたちに、そのような姿勢を求めるのは酷かもしれない。彼らを歓迎し、対話の可能性のあった真言宗の僧侶たちに対し、ザビエルたちは「仏僧たちは大日を最高で無限なる神と称し、幾多の誤謬や矛盾」に陥り「笑うべくあらゆる根拠を欠いている」とみなした。そして、三位一体やキリストの十字架での犠牲などを説き、受け入れようとしない僧侶たちを「呪うべき存在」とみなし、街角で、大日如来を拝んではいけない、彼の宗派はあらゆるほかの日本の宗教同様、悪魔が考案したものだと説教した。これでは、僧侶たちがザビエルたちを敵視するようになったのもやむをえないだろう。

しかし、この山口では優れた入信者も現れた。それはほとんど盲人だった琵琶法師で、貴人たちの館で琵琶を奏で、平家物語などを吟じ、また機知や諧謔を披露する人気者だったが、彼は新しい宗教を説く異国人がいるというので、好奇心からザビエルたちを訪れた。そこでの様々な対話の後、彼は入信し洗礼を受け、ロレンソの名前を与えられた。

この琵琶法師を感動させたのは、ザビエルたちが遠い異国から、危険も労苦も恐れず、何ら現世的な利益も求めず、ただ布教のためにやってきたという志だったようだ。彼は日本で最初のイエズス会士となり、フロイスによれば「イエズス会が日本で有した最も重要な説教師の一人」であるとともに、幾千人の人々を生涯にわたって改宗させたという。ロレンソが、琵琶法師として平家物語のみならず、神道、仏教の様々な説話を学び、しかもそれを雄弁に語るすべを磨いていたことが、彼の後の伝道にも役立ったにちがいない。

一五五一年十一月、ザビエルはその後の伝道をトルレスやフェルナンデスに託して日本を去った。インドのゴアに戻り、さらに司祭たちを連れて再訪するつもりだったとされるが、明国での布教に関心が移り（ザビエルには、大国・明での布教に成功すればその影響は日本にも及ぶと考えた）一五五二年十二月、広州湾で入国をうかがう中、熱病にかかり四十六歳の生涯を終えた。

ザビエルはその滞日期間も短く、かつ、ついに日本語を理解できなかったこともあり、布教という面では業績を上げたとは言えない。しかし、ある意味彼の日本での経験は、この時代におけるポルトガル宣教師と日本との出会いにおける「文明の衝突」の本質が象徴的に表れているようにも見える。

ザビエルの日本人への印象は決して悪いものではなかった。「今までに発見された国民（アジア、アフリカを指すのだろう）の中で最高であり、日本人より優れている人々は、異教徒の間では見つけられない」とまで語り、また日本人が宗教に偏見を持たず、むしろ知的好奇心から、自分たちの布教に熱心に聞き入り、また入信者も出てきていることを喜び評価している。

しかし同時に、日本人の側の、様々な信仰を同時に受け入れる姿勢を尊重する姿勢はザビエルにはなく、仏教僧との対立は最初から激烈なものとなり、あり得たかもしれない対話の可能性も拒否してしまった。同時に、盲目の琵琶法師ロレンソに象徴されるように、彼の宗教的情熱が、貧しく疎外された日本の民衆に共感を生み、布教の種を蒔いた面はあった。そして、戦国大名はその教えよりも、多く南蛮がもたらす富の方に関心があったのだ。

コスメ・デ・トルレス――人格者の布教

その後は、山口に残ったコスメ・デ・トルレスが日本布教の指導者となる。トルレスは日本人の印象をインドに書簡で送っている。そこでの記述はザビエルのものよりもさらに具体的であり、彼が日本人に対して抱いていた好意をよく表している。

日本人は、イエズス・キリストの教えを彼らの間に植えつけるのに非常に適した素質を有する。すなわち、彼らは分別があり、理性に基づいて己れを処する。彼らは好奇心に富み、いかにすれば自分の霊魂を救い得るかについて話すことを好む。彼らの間には良き礼法があり、まるで宮廷で育ったかのように互いに非常に慇懃な態度を示す。

（中略）彼らが気晴しをするものといえば武道の修練であり、非常に熟達している。その他には詩句を挙げることができる。彼らは名誉心に富み、自らの武器に全面的に信頼している。なぜなら彼らは十三、四歳の頃から早くも刀剣を帯び、帯に差した短刀を決して外しはせぬからである。（『完訳フロイス日本史6』）

同時にトルレスは、盗みや賭博が厳罰によって禁じられ、小さな罪でも処刑されること、また大名は家臣に対し強い権限を持つなど、戦国時代の厳しい社会情勢を記している。そして、一度キリスト教を受け入れた信者はどんな苦境にも耐えて信仰を守る覚悟を持つこと、仏教僧侶が常に論戦を挑んでくること、しかも彼らはかなり手強い論敵であることなどを書き記している。

トルレスにとって心強いことに、ザビエルの指令でバルタザール・ガーゴ司祭、そしてドゥアルテ・ダ・シルヴァおよびペドゥロ・デ・アルカソヴァ両修道士が、一五五二年九月、豊後に到着し、大友義鎮（よししげ）の歓迎を受けた。義鎮はインド副王あてに書簡をザビエルに託して送っており、そこには領国内に司祭を受け入れることが書かれていたのである。ガーゴ並びに山口からやってきたフェルナンデスは、領国内の布教許可を求めるとともに、まず山口に赴いてトルレスの指示を受けることを義鎮に伝えた。義鎮はこの後キリシタン大名・大友宗麟となるが、この時点では、信仰よりも南蛮貿易の富を得ることが主目的だった。当時の彼の地位はまだ不安定であったため、インドとの貿易を通じて経済的にも軍事的にも地位を固めたかったのである。煩雑さを避けるため、今後は大友宗麟と一貫して呼ぶことにする。

ザビエル離日一カ月後には、守護大名・大内義隆が山口において配下の武将・陶晴賢（すえはるかた）によって倒され自害、晴賢は大友宗麟の弟八郎を、新たな守護大名「大内義長」として立てて実権を握った。トルレスらはこの義長の保護下で布教を続けることになるが、一五五五年、陶晴賢は毛利元就との戦いに敗死、毛利軍は山口に押し寄せ、街は戦禍にさらされた。トルレスの一行は拠点を失い、一五五六年には豊後に逃れるしかなかった。大内義長は一五五七年に自刃したが、大友宗麟には援軍を送る力もまた意思もなかった。

このような戦禍の中、人々には飢餓が襲い、一五五四年の段階で「夫は妻と、召使は主人と離れ離れになり、男も女も痩せ衰え、眼が窪み」わずかな食糧を求めて草の根までも食べ、路上に死体が溢れるありさまとなった。活気のあった町は静まりかえり、飢えた人々は教会を訪れては、自分や家族のための施しを求めた。

大友義鎮（宗麟）

トルレス師は生まれつき同情心篤く慈愛に富んだ人で

あった。彼は貧しく哀れな異教徒たちがそのように極度に不幸に陥り困窮しているのを見て、ひどく悲しみ、心を痛め、彼らを助けたい一念に燃えているように見受けられた。そこで彼は異国人であり貧しかったにもかかわらず、幾ばくかの金を借り受け、遠方から高価につくが多量の米を買いにやらせ、夜分に苦労のあげくそれを司祭館に運ばせることができた。彼は毎朝それで大釜いっぱいの粥を炊かせ、修道士たちとともに、すでにこの施しを待ち構えていた群衆に手ずから分ち与えた。（『完訳フロイス日本史6』）

トルレスのこのような姿勢は、布教を目的としたものではなかったからこそ人々の感銘を呼んだ。フロイスによれば、山口にはトルレスの滞在中に二千名のキリシタンが生まれたという。山口を失い豊後に逃れてからも、トルレスは同地を懐かしみ、生涯にわたって山口で過ごした六年間ほど、大いなる喜びと慰めのうちに生活したことがないと語り、戦場となった山口が二度と元のような街に戻ることは難しかろうと嘆いた。彼の日常についてフロイスはこう伝える。

彼（トルレス）は大いに黙想の祈りに耽り、それに数時間を費やした。（中略）食を節し、そのうえつねにひどく貧しく粗末な食事を摂っていて、それは誰であっても他の人なら、絶えず断食をしているためだと思うことができるほどであった。日本の寒気ははなはだ厳しいにもかかわらず、誰もかつてトルレス師が暖をとるために火に近づくのを見たことがなかった。

（中略）彼は修道士たちが小麦を挽くのを手伝った。司祭館で何か力仕事がある時には、彼は最初に材木や石を運搬し、その時には力強い男の二人分の仕事をした。（『完訳フロイス日本史６』）

自分に厳しいトルレスは、他者には優しい面を示した。孤児たちを養い、彼らが夜眠っているときには風邪をひかぬよう蒲団をかけて回り、他の司祭や修道士の悩みをわがことのように受けとめ、貧しい人々や子供のために自分が受けた贈り物はすぐに分け与えた。人に接する時は常に明るい笑顔を見せ、自分への批判や誹謗には静かに耐え、激高しないように努めた。このような人格から、彼の毛髪や衣服の切れ端を日本人信徒たちは宝物のように集めたという。

そして、トルレスはルイス・デ・アルメイダという優秀な協力者にも恵まれていた。アルメイダはユダヤ人改宗者で、当初は貿易商人として成功していたが、山口でトルレスと出会った後は、豊後での宣教に協力するようになる。

アルメイダは豊後にて私財を投じてまず育児所を建てた。当時のイエズス会士たちは皆、日本における子殺し（間引き）や堕胎を批判していたが、その原因は戦乱と貧しさであることを、彼は理解していた。アルメイダは孤児を育児所に引き取り、乳母を雇い、また乳牛を購入することで子供たちを救おうとしたのだ。これには大友宗麟も喜び、一五五六年には続いて病院が建設される。これにより、貧しい住民の入信が促進された。

フロイスの『日本史』には、病人や、「悪魔付き」「狐憑き」などの精神病と思われる患者が治癒することで入信する、いわゆる奇跡物語が溢れている。これらを現在の視点で全否定はできない。アルメイダの持ち込んだ薬品や、彼が学んでいた外科手術なども、貧しい病人には大きな効果があったはずだ。

もっとも、本来、その領土の支配者をまず改宗させ、その後トップダウンで信者を拡大していくのがイエズス会の方針であり、このような「下からの」信者獲得を、トルレスの後継者となったカブラル神父などは批判的に見ている。しかし、千五百名ほどが入信、豊後は大きなキリシタンの拠点となった。

しかし、このようなヒューマニズム溢れるエピソードだけではなかった。布教が進み、新たな司祭たちが到着するとともに、日本社会との激しい衝突、それも暴力を伴うものが起こるようになったのである。

平戸における神社仏閣との激突

肥前国平戸の戦国大名・松浦(まつら)隆信は、南蛮貿易に強い魅力を感じており、その利益のためならばキリシタン布教を認めてもよいと考えていた。一五五六年に来日していたガスパル・ヴィレラ師は、翌年平戸に派遣されたが、彼はまだイエズス会入会後六カ月で、なんとか布教の成果を上げようと熱烈な情熱を抱いていた。平戸では、トルレスの以前の努力で籠手田(こてだ)一族が入信しており「ドン・アントニオ」籠手田安経が保護してくれるはずだった。

しかし隆信としては、貿易はしたいがキリスト教布教を望んでいたわけではなく、現地の僧侶たちの力もあり、多くの改宗者を出せる見込みはないことは明らかだった。

しかし、ヴィレラは強硬手段に出てしまう。籠手田氏の領地である生月島(いきつきしま)、度島(たくしま)、平戸の一部などで布教を強引に始め、さらに「彼らの許に見られる異教の古い根を少しでも早く引き抜こうとして」あちこちの寺社から仏像や経典を集めさせ、積み上げて火を放ったのだ。

当然平戸に住む仏僧たちは怒り狂った。彼らは松浦隆信に、もしも殿が伴天連を処罰しなければ、家臣たちの間に叛乱が広がり、殿自身が危険にさらされるだろうと迫った。

元々キリシタンに好意的ではなかった隆信にとって、危険を冒してまでヴィレラを庇う理由はなく、この蛮行を許すつもりもなかった。しかし同時に、彼は事を荒立てて今後の南蛮貿易の可能性を閉ざしたくはなく、さらには籠手田一族と争いたくもなかった。隆信はヴィレラにこう告げ、退去を迫った。


「民衆の間に叛乱の兆しと不穏な空気が濃厚だし、彼らは予の領内の各地でキリスタン宗門への改宗が行われることを望まぬゆえ、伴天連殿は当地を退かれる必要がある。後日、彼らがもっと平静に復するならば、その時には、予が貴殿を呼ばせるであろう」

（『完訳フロイス日本史6』）


ヴィレラは豊後に戻るしかなかった。仏僧たちは教会を焼き、信者たちに棄教を迫ろうとしたが、籠手田安経はそれを退け、教会の閉鎖だけにとどめた。

平戸のキリシタンたちは、このままでは、将来自分たちは棄教を強いられるか、もしくは処刑されてしまうのではないかと恐れ、今後のとるべき道を、ヴィレラと共に訪日していたバルタザール・ガーゴ司祭に尋ねに来た。ガーゴ司祭はこう答えた。

「もし御身らに、信仰を表すことで殉教をあえて遂げるだけの勇気がおありなら、御身らは至福であり、御身らの運は仕合わせと申さねばなりますまい。ですが、人々が御身らを迫害し、御身らが、妻子らを棄教させないためには、追放され、郷里も家屋も財産、親族も捨て去ることが自分たちに必要だと思われるなら、天国に至るためにはそうするがよい」（『完訳フロイス日本史6』）

このような文章を読むとき、私はヴィレラやガーゴの姿勢に、他の宗教を認めない偏狭さだけではなく、現場の政治情勢も、キリシタンたちの立場も無視して、ただ自分の正義感だけに走り責任を取らぬ身勝手さを感じざるを得ない。追い詰められた信徒たちに、殉教か、あるいは事実上の「難民」になることを選択させようとするガーゴ司祭の言葉にも、このような事態を引き起こした自分たちの在り方に対し何の疑問も自省もしない傲慢さを感じる。しかし、この寺社は破壊すべしという発想は、人格的には優れていたトルレスも含めて、イエズス会士たちのほとんどに共有されていた。

渡辺京二は『バテレンの世紀』にこう記している。

ひところまでキリシタン史の叙述者は、宣教師に好意的だったり入信したりした者を肯定的に扱い、宣教に好意を持たぬ領主や仏僧を悪玉視する傾向があった。だが考えてもみよ。日本の仏教ミッションがヨーロッパの一角に上陸し、教会堂からイエス像や聖書を持ち出して焼いたならば、騒ぎはこの時の平戸の比ではあるまい。それを思えば、隆信の反応は甚だ穏やかなものだといわねばならない。隆信を悪玉視するのは欧米の文明を人類の正道と信じ、その移入に抵抗するものを反動ときめつける明治以来の因襲であろう。(『バテレンの世紀』)

だが、この平戸事件はさらに展開を生む。トルレスら宣教師たちは、一五六〇年ごろから、平戸に代わるポルトガル船の入港地を求めて、大村純忠の治める横瀬浦に港を開く交渉に入った。しかも、港とその周辺の土地の半分をイエズス会の所有とし、住民はキリシタンとする、また貿易の関税は十年間免除という条件つきである。一五六一年に交渉がまとまり開港、トルレスも同地に入る。しかも、大村純忠自身も一五六三年洗礼を受け、初のキリシタン大名がここに生まれた。しかし、あまりにも急進的な改宗は家臣たちの反感を招いたため、同年八月の家臣たちの叛乱により純忠は領地を追われ、このイエズス会最初の「植民地」というべき港は約一年でついえた。しかし、純忠はやがて領地を回復、キリシタン大名として多くの住民を改宗させていくことになる。

その後も、年老いたトルレスは、平戸、横瀬浦に続く港として長崎の開港にも力を尽くしたが、体力の衰えもあって、日本における新たな指導者を送るようゴアの宣教会に求めた。一五七〇年六月に、フランシスコ・カブラル神父が後継者として到着してから三カ月後の十月、トルレスは天草にて世を去った。通訳としても活躍したフェルナンデスも三年前に没しており、ザビエルが日本に連れてきた第一世代の布教者たちの役割はここに終わりを告げたのである。

第四章　戦乱の時代のキリシタン大名

フランシスコ・カブラルとその日本人観

トルレスの死後、日本における布教の責任者はフランシスコ・カブラルとなる。一五七〇年日本に到着したカブラルは当時三十七歳、彼がイエズス会に加盟したのは、インドで軍人として勤務していた一五五四年のことである。

しかし、軍人出身のカブラルは、ヨーロッパ以外の人種を劣等者とみなし、支配対象と考える偏見を強く抱いていた。トルレスのような日本人への敬意や愛情も乏しく、アルメイダの病院建設や孤児の救済に対しても、それでは下層階級や貧困層しか信者にならないと批判的だった。そして、これまで来日したイエズス会士が、絹の衣を着ていたことに対し「清貧を尊ぶという会の基本精神に背くものである」と、黒い木綿の修道服に着替えるよう命じた。トルレスが自ら絹の服装をまとい、会士にも勧めていたのは、諸大名など身分の高い人物に会う時は服装をそれなりに整えなければならない、また、一般の日本人も話を敬意を持って聞いてくれないという現実的な発想からだったのだが、カブラルは異教徒にそんな気遣いをすること自体が間違いだと考えたのだ。

ずっと後になって一五九六年に書かれたカブラルの書簡によれば、彼は日本人に対し、基本的には嫌悪の念しか抱かなかったらしい。


「私は日本人ほど、傲慢、貧欲、無節操、かつ欺瞞に満ちた国民を見たことがない」

「百姓でも内心では王たらんと思わないようなものは一人もおらず、機会あり次第そうなろうとする」

「彼らはそうするよりほか生きるすべがない場合以外は、共同と服従の生活をすることに耐えられず、生活の道が立ちさえすれば、直ちに自らが人の上に立とうとする」


ここで語られる日本人像は戦国乱世という時代のダイナミズムそのものなのだが、カブラルはそれを悪徳としかみなさず、軍隊式の忠節を価値とする偏見を隠そうとしない。

イエズス会そのものが軍隊的な組織であり、そこでは上下関係や忠節が厳しく求められる。だからこそ、カブラルは日本人信者をイエズス会に入会させる意思は全くなかった。日本人信者にポルトガル語やラテン語を教えることもせず、日本人信者を差別するような姿勢すらあった。

また、一五七二年に来日し、カブラルから九州地方の布教を命じられたガスパル・コエリョ司祭も、カブラルと同様の発想を持っていたらしい。この二人の司祭の指導下、前章で触れたキリシタン大名・大村純忠、大友宗麟などの領地では、徹底した「キリシタン化」が行われるようになる。

大村純忠の領土における「強制改宗」

大村純忠は、一時期追われた領地を、一五六八年ごろにはほぼ回復していた。しかし、周囲からの圧力や戦争はやむことなく、一五七二年には松浦隆信、後藤貴明、西郷純堯（すみたか）ら連合軍の攻撃を受けて滅亡の危機に追い込まれている。翌一五七三年には、深堀純賢（すみかた）という近隣領主の軍隊が、混乱に乗じて長崎に攻め込み、教会にも火が放たれた。しかしこの時のキリシタンたちの抵抗は目覚ましかった。

キリシタンたちは砦から敵をかすかに目撃すると、激昂し、熱意と勇気に燃え始め、自分たちの敵が少ないことを忘れ、もっとも勇敢な連中は砦のあちらこちらから出撃した。

最初に出撃した四人の家族は、キリシタンであるために生地を追われてこの長崎にたどり着いた人たちだった。彼らの一人は、出撃する前に、一口でも食事をしていってくれと言われてこう答えている。

今はそんなものを食べている時ではない。デウス様の教会を焼いた、かの悪辣な異教徒どもに、その侮辱の仕返しをした後で、あの世でデウス様と御いっしょにその食事をいただこう。(『完訳フロイス日本史9』)

宗教的な情熱に駆られたこの戦いで、深堀軍は撃退され、長崎は守り抜かれた。しかし、衝撃的な事件はこの後に起こっている。

寺院の破壊と数万人の「改宗」

大村純忠は、このような危機的情勢の中、家臣以上に、キリシタンが自分への忠誠を示し勇戦してくれたことに深く感謝すると述べた。すると、コエリョ司祭は「殿がデウスに感謝の奉仕を示しうるには、殿の諸領から、あらゆる偶像礼拝とか崇拝を根絶するに優るものはない。それゆえ殿はそのように努め、領内にはもはや一人の異教徒もいなくなるように全力を傾けるべきである」と応じ、まずは家臣団挙げての改宗運動が必要であることを求めた。純忠は「すべてにおいて司祭の意見に賛成」する。フロイスはこの段階では、同地でキリシタンの数はまだわずかなものだったと認めている（『日本史』第十巻）。

その後起きたことは、イエズス会が本来望んでいた、大名による上からの改宗運動だった。純忠はコエリョに全面的な支援を約束し、領地内での布教活動に許可を与えたが、それは「布教」ではなく、明らかに仏教寺院への攻撃を示唆していた。

仏僧たちはコエリョに「家臣がキリシタンの説教を聞いて、望む者が改宗するのは主君のご意志なのだからそれはかまわない、しかし、仏像や寺院への破壊はやめてほしい」と求めた。コエリョは「私がここに来たのは、デウスの教えを説き、盲目で無智な人に救霊の道を教えるということ以外の何ものでもなく、貴僧らの寺院とか仏像とかに手出しするためではない」と答えた。

しかし、これは綺麗ごとに過ぎなかった。フロイスは、住民たちは司祭の説教を聴き、「天地万物の根元であり創造者、また世の救い主」であるデウスの存在と、偶像崇拝の過ちや欺瞞を知ると「あたかも司祭が、『寺を焼け、偶像を壊せ』と彼らに言ったかのように」

人々は寺院を破壊したと伝えている。仏僧はもちろん抗議したが、コエリョは「私が彼らにそうするように言ったのではない」「説教を聴いた人たちは皆、あなたの檀家なのだから、あなた方がその人たちにお訊ねになるべきです」と答えた。

しかし、これはまず信じがたい。フロイスが記すこの時の布教活動は、純忠の直接の書面を基にした強制的なもので、仏僧にも改宗を要請し、従わぬ僧は追放を覚悟せねばならなかった。露骨にも、コエリョらは僧侶に対し、キリシタンに改宗すればそれまでの寺院における収入や生活費を保障するという純忠の書面を突き付け、その受け取りを拒否した僧侶を脅迫するようなことも行っている。

寺院の破壊に関しても同様だ。フロイス自身こう語っている。

布教事業がこのように進展した後にもまた、寺社を破壊し絶滅するについてなお困難があった。それらのうちには巨大で豪壮なものもあったし、なかには多年にわたって悪魔が敬われてきたものもあった。というのは、人々はすでに洗礼を受けていたとはいえ、まだ日も浅く、信仰も弱かったから、彼らは、自分たちがそれまで育てられて来た寺院に対する愛着心をただちになくさなければならないとか、寺院を破壊せねばならないなどとはっきり言い渡されたならば、それに容易に同意しはしなかったであろう。(『完訳フロイス日本史10』)

寺院の破壊も、特に熱烈な信者によるもの以外は、イエズス会士たちの扇動や誘発、時には強制的なものが多かったことを、この言葉はそのまま証明している。さらに、守護大名・大村純忠がこのような行為を事実上容認していることも、この破壊行為に正当性を与えていた。次のエピソードはさらに露骨なものである。

あるキリシタンがガスパル・コエリョ師のところにやって来て、司祭にこう頼んだ。「(中略)私は自分がこれまで犯してきた罪の償いをいたしたいと存じますので、そのためには、どういう償いをすることができましょうか、(中略)」と。司祭は彼に答えて言った。「あなたがデウス様の御意向にかなってすることができ、また、あなたの罪の償いとして考えられることの一つは、もしあなたがよい機会だと思えば、路上、通りすがりに、最初の人としてどこかの寺院を焼き始めることです」と。(『完訳フロイス日本史10』)

この信者は、言われた通りある寺院に放火してしまう。コエリョをはじめ多くの司祭が同様の扇動を行っていたことは容易に推測される。寺院の破壊が相次ぐ中、数万人の住民がキリシタンに改宗、大村氏の領土は完全なキリシタンの国となった。だが、先のフロイスの言葉にあるように、寺院の破壊やキリシタンへの改宗に簡単には同意できなかった人々も多かったはずである。

実は大村純忠自身も、このような寺院の破壊には本音では賛成ではなかったという。しかし、周囲の諸大名に対抗するにはイエズス会の支援と、南蛮貿易およびその結果もたらされる武器や富が彼には必要であり、また、外部の敵と内通しかねない家臣らを統率するためにも、彼らをキリシタンに改宗させることが有効だったのかもしれない。

一五七五年、肥前の大名・龍造寺隆信との戦いに敗れ、純忠は事実上配下の武将になることでかろうじて領地を維持することになった。将来を危惧した純忠は、貿易港・長崎をイエズス会に寄進することを提案、本来イエズス会はそのような領地契約をすることは会の規則上認められていなかったが、一五八〇年、純忠との交渉がまとまり、同港はイエズス会に贈与される。隆信の圧迫下、純忠は最低限の貿易利益と領土の保障を、イエズス会の支援に求めたとみるのが自然だろう。

近代国民国家成立以前の社会を、現代の価値観で裁くべきではない。しかし、このような外国勢力に日本の領土や権利を売り渡すような行為は、やはり植民地化に繋がるものと見なされても致し方ないだろう。

大村純忠は一五八七年に死んだ。彼が臨終の際、腰元に命じて、鳥かごで飼っていた小鳥を天に放してやったというエピソードをフロイスは伝える。その際、小鳥を扱う腰元の手先が乱暴だったので、一瞬純忠の形相には怒りが浮かんだが、直ちにそのことを謝って立派な帯を腰元に与えた。そして、「小鳥はデウス様が作られたものであるから、予はそれを可愛がっている。それゆえ今後とも愛情をもって扱ってほしい」と語ったという。

この言葉を信仰の証と読むことは間違いではないだろうが、この時期、豊臣秀吉の九州平定はほぼ完成し、秀吉に従った大村家は所領を保護されることが決定していた。その生涯において一大名として危機と直面し続けた純忠は、信仰とマキャベリズムとが常に一体の人生を送らざるを得なかっただろうし、意に添わぬ寺院破壊や、傲慢なコエリョに対し怒りを覚える時もあったはずである。彼は死期において初めて、すべての政治的制約から解放され、かごに捕らわれた小鳥が飛び立つようにその精神を解放することができたのかもしれない。

大友宗麟と家族内の混迷

一五七六年、豊後の大友宗麟は次男・親家をキリスト教に改宗させる。これは本人の自発意志によるものではなかった。長男が領地を継ぐときには、次男は家督争いを避けるために仏門に入るのが慣例だったのだが、親家は頑固かつ活動的な性格で、僧侶となり寺にこもるなどはまっぴらだったのである。親家は、無理やりに仏門に入れるのならば自殺するとまで言い張った。宗麟はカブラルに相談し、カブラルは、親家の性格を穏やかなものにするためにも、また家督の問題を解決するためにも、キリシタンに改宗するのが最善の道だと答え、親家の改宗が決まったのである（結局これも本意ではなく、後に信仰を失ったことをフロイスは記している）。これによって、宗麟の家臣団の入信が相次ぐことになった。

これを許せなかったのは宗麟の奈多夫人であった。彼女は八幡奈多宮の宮司の娘であり、キリシタンを敵視していたのである。フロイスの『日本史』では彼女は常に「イザベル」と呼ばれているが、これはイスラエルに王妃として嫁いだが、異教であるバアル信仰をイスラエルの宮廷に導入し、ユダヤ教の預言者たちを迫害した女性の名前で、彼らの宗麟夫人への悪意をよく示している。ただ常識的に考えれば「異教を宮廷に持ち込む」真似をしたのは、どう考えても宗麟の側であって、夫人は伝統信仰を守ろうとしただけなのだが。

夫人は大友家の有力者・田原親賢の妹でもあった。ここで、大友家を大きく揺るがす大事件が起きる。親賢は子供がおらず、京都の柳原氏という公卿から養子を迎えた。その子、田原親虎は、学問、武芸、礼儀作法何れも評判で、しかも宗麟の娘と婚約しており、将来を大いに期待されていたのだが、彼がキリシタンに入信する決意を固めたのである。そのきっかけは、宣教師がヒステリーを起こした「悪魔付き」の患者を見事に治したことによる。周囲の説得空しく、一五七七年、親虎はカブラルにより洗礼を受けた。怒った田原家は、事実上息子を幽閉し、強く棄教を迫るが、親虎は信仰を捨てようとしなかった。

田原親賢は、カブラルに向けて次のように伝えた。田原家は戦の神である八幡神社を祭る神官の家系であり、後継ぎの息子がキリシタンになることで、以下の三点の大問題が生じる。

（一）我が家の祭祀が行えなくなる。（二）領主である殿への御奉公にも差し支える。（三）祭祀と御奉公、この二つが当田原家の使命であり、この二つともが失われれば没落しかない。

「それゆえ、伴天連におかれては、親虎をして、キリシタンをやめるに至らしめるよう、切にお願い申す」（『完訳フロイス日本史7』）

この田原側の言い分は、「家」を守るべき制度としてまず第一に考える当時の武家の価値観からすれば、決して間違ったことを言っているわけではない。もちろん現代の視点から見れば、それは個人の信仰の自由を抑圧する制度ということになる。だが、田原家にとって親虎は、わざわざ京都まで行き、家を守るために迎えた養子なのだ。

さらに、親賢は次のような提案もしている。当家は、息子のかわりに四～五千人の家臣をキリシタンに改宗するよう働きかけるだろうし、自分が権限を持つ領地には教会を建てることも許し協力もする。しかし、これほどまでに言っても親虎を棄教させることに協力しないのならば、わが家は親虎を追放して、その上でお前たちすべてを滅ぼすだろう。

しかし、カブラルもまた、田原家が自分たちのモラルに忠実であるように、イエズス会としての信念を曲げなかった。カブラルは、我らが日本に来たのは、誤った道にあるものを真理の道に引き戻すことであって、既に立派な道を歩んでいるものを外れさせるためではない、貴殿の息子に、ますます信仰を強めるよう説く以外には何ものもなしえないし、もしもそのために我らが殺されることがあっても、それは我々にとって最上の喜びであると答えた。

ここに見られるのは、単に頑固者同士の意地の張り合いではなく、全く交わりようのない価値観が見事なまでに正面から衝突している光景である。この時点でのカブラルの信念に満ちた答えには、唯一人の真摯な信者を見捨てては、自分たちの信仰そのものが揺らぐという、聖書の「一匹と九十九匹」のたとえ話が反映されていたのかもしれない。また、有力者を入信させることこそ効果的な布教であるという、イエズス会の戦略も意識されていたことだろう。そして、「家」を守るためには家臣を改宗させてもいいという論理は、カブラルには全く理解の外にあるものだった。

もちろん親賢は激怒した。彼としては最大限の妥協をすげなく拒絶され、しかも自分たちの信仰も、家を守ろうという武士としての価値観も「誤った道」と決めつけられたのである。

さらに、息子の田原親虎の、あくまで信仰を守り続けようという信念も、この両者に劣らず堅固なものだった。彼は、「棄教するくらいならば、自らの身分も、地位も、そして生命すらいらない。唯一つ気がかりなのは、自分が棄教しなければ司祭たちが父に滅ぼされることだけだ」と、カブラルたちに伝えた。カブラルは、たとえどのような事態を迎えようとも棄教してはならないと答えた。

事態は一触即発、田原家の軍勢が、いつ教会に攻め寄せてもおかしくない状況を迎えた。しかも、教会側にもキリシタンの武士や民衆、さらには女性までもが武装して駆けつけてくる。彼らは教会に立てこもり、司祭たちと共にキリシタンとして殉教することを誓った。

フロイスは彼らの勇気と信念が人々に感動を与え、キリシタンと最も対立していた法華宗の信徒までもがこれを機会に改宗した者がいたほどだと伝える。すでに改宗していた宗麟の次男・親家までもが教会側を支持することを明言した。

結局、田原側は攻撃をためらった。城下で内戦を起こすような真似はしたくなかったし、何よりも大友宗麟の立場に配慮したのである。宗麟としても、守護大名としてこの事態を治めねばならなかった。彼は、まず親虎に書面を送り、「娘との婚約はこの騒動によって取り消すつもりはない。また、キリシタンの信仰も守ってかまわないが、あれほど怒っている父親の立場を考えて、表面だけでも棄教したふりをすれば、事態を平和裏に収めることができるのだ」と説いた。しかし結局親虎は応じず、フロイスによれば結局この養子は田原家を去る。彼はその後、大友家に仕えつつ、戦場で死んだとも、また堺や伊予に落ちのびたともされるが、フロイスは、最後は伊予の国に逃れてそこの女性と結ばれたと記している。

この親虎の信仰の堅固さは、キリシタンとしては称賛に値するだろう。ただ私は同時に、京都から養子として遠く九州に来た一人の少年が、表層ではいかに優秀な武士たらんと、武術や学問を身に着けつつも、その地になじめぬものを感じ、ここから脱出したいという思いを抱いていたのではないかという思いを捨てきれない。そして出会った「家の論理」

とは全く違うキリスト教の教えが、彼にとって魅力的な脱出路と見えたのではないだろうか。

一五七七年、大友宗麟は奈多夫人を離別し、新妻に夫人の侍女頭を迎える。これにも夫人は激怒した。フロイスによれば彼女は自殺を図ろうとまで思いつめ、次には、仏僧を呼び新しい妻を呪殺しようとしたという。自分に仕えていた侍女が新たに守護大名の妻となることへの悔しさもあったにちがいない。

一方、宗麟の側は、日々妻とキリシタンの問題を含む様々な事柄で争うのが苦痛になっていたのだろう。宗麟は長男の大友義統（よしむね）に家督を譲り、新たな妻をキリシタンに改宗させ、ついには自らも一五七八年洗礼を受けた。宗麟は、それまで日々合掌して拝んでいた達磨像を大地に投げつけ、小姓にそれを海に捨てるよう命じた。宗麟は「まるで生まれ変わったような気持ちになり、物事を別の目で見るように」なった。「彼は、街路を歩く多くの人々を眺めて、彼らがもしもキリシタンにならなければ永遠の罰に処せられることを思って涙を禁じ得ない思いに駆られた」とフロイスは記している。そして同時期、元夫人は太陽と月に謹んで祈りをささげ、次のように唱えたという。

「日月よ、御身らは、なぜ、御身らを神々（デオセス）として礼拝し信仰せぬ者どもをすべて打ち殺し、破滅させ給わぬのか」（『完訳フロイス日本史7』）

この言葉をフロイスは空しい呪詛として引用しているが、歴史家・神田千里はさらに深い解釈を加えている。ここで彼女が祈っていたものこそ、これまで何回も紹介した「天道」に他ならない。当時の日本人の天道信仰には、天道の摂理は太陽や月、天の運行において実感できるものだった。彼女にとって、大友家がその天道に反することほど、恐ろしい非道の道はなかったのである。

そして、大友宗麟はキリシタンであると同時に戦国大名でもあった。同年九月、家督を継いだ大友義統と共に宗麟も軍を率いて日向に侵攻する。その船には赤い十字架の旗が翻った。これは戦場における守護を意味するだけではなく、宗麟自身、この戦いを「聖戦」とみなしており、カブラル司祭他数名の修道士も従軍していた。宗麟は、日向の地をキリシタン国としようとしていたのだ。

日向の国に、一つの堅固で、ローマにまでその名を馳せるほどのキリシタン宗団を形成する決意でいた。（『完訳フロイス日本史7』）

宗麟はこの地に骨をうずめるつもりだったのである。戦場に仮の礼拝堂が建てられ、宗麟は日々そこで祈りをささげた。多くの武将、兵士もそれに倣った。そして、同時に行われたのが、寺院への徹底的な破壊である。

かの日向の地において仏僧たちの寺院で行なわれつつあった破壊はすさまじいものであった。かつて同国において無上の尊敬と名誉を受けていた者は、今では打ち萎れ、その寺院も屋敷も解体され、その偶像は打ち毀たれ、彼ら自身他の地に逃げざるを得ぬか、もしくはそこに留まるならば、かつての収入も信用もなしに過さねばならなかった。とりわけ彼らを悲しませたのは、かの地で神を敬い、仏を拝み、仏僧たちに寄せられていた権威や尊崇の保持することは似つかわしくないとして、彼ら自身の手で仏像や寺院を破壊し、それらの材木を、今や建立され始めたキリシタンの教会の建物に使用するために運搬せねばならなかったことである。（『完訳フロイス日本史7』）

修道士たちは、軍隊の力を背景に仏僧たちの上に君臨し、彼らに服従を強いた。日蓮宗の僧侶たちが、本日は日蓮上人の祭日だから、この日は寺院を破壊する仕事を休ませてほしいと頼んでも、別の日に休日は与えるが、今日は許さないと冷酷に命じた。

同時に、カブラルをはじめ、司祭も修道士も先頭に立って、建設や畑仕事に従事した。土地の農民たちは戦争を恐れて逃亡してしまったからである。彼らは、この土地をキリシタン王国にするためには骨身を惜しまず働く意志を持っており、それは、異教を滅ぼす情熱と表裏一体のものでもあった。

しかし、この遠征は無残な敗北に終わる。十一月、島津軍との「耳川の戦い」に敗れた大友軍は数万の犠牲を出して敗走する。しかし、この敗戦すらも、フロイスによっては、反キリシタン勢力が多く戦場に斃(たお)れ、また指揮官である田原親賢が敗戦の責任を取って力を失ったことにより、デウスの意志として正当化された。この敗戦によっても宗麟の信仰心は揺るがなかったことは事実だが、仮にこの戦争に勝利し、日向の地にキリシタンの国が出来上がっていた場合、そこでは残酷な宗教統治が行われた可能性は無しとしない。ただし宗麟は自国領土においては日向でのような過激な寺院破壊は行っておらず、そこには彼の現実政治家としての判断もあったのだろう。

キリシタン大名は、他にも高山右近、有馬晴信などがあるが、彼らは一様に、敵大名との戦いの中でキリシタンの力を必要としていた。肥前の有馬晴信の場合は典型である。彼は龍造寺隆信と戦うために、先述した大村純忠と同盟することを求め、その過程でキリシタン改宗のきっかけが生まれた。戦国の世、敗北の可能性の高い大名を家臣たちが裏切ることはしばしばあり、一五八〇年には晴信は孤立するが、イエズス会は全面的に晴信を支持し、城に食糧や援助物資を運び込んで彼を守った。領地のほとんどを失ったが、晴信が滅びずに済んだのは確かにイエズス会のおかげだった。

このような経緯があれば、有馬晴信のみならず彼に従った家臣も改宗したのは当然であろう。領内の寺院はこの時も破壊され、しかもこの有馬領では、日本からの進物として子供たちをゴアのイエズス会に送るという事態まで起きている（神田千里『戦国と宗教』）。

高山右近については後程触れるが、キリシタン大名という存在を、こうしてフロイスという宣教師が描いた像を中心に見ていくとき、そこにあるのは、激しい戦闘と弱肉強食の時代に、キリスト教という新たな信仰を、一面ではある感銘を持って受け入れ、同時に政治的にも利用し、自らが生き延びようとした武将たちの姿である。

同時に、そこでは彼らの武力を背景とした、寺院への破壊などの暴挙も行われた。イエズス会の仏教排撃について、本章ではその実態を、公正を期するため基本的には宣教師フロイスの著書により紹介している。当時イエズス会はヨーロッパにおいてもプロテスタントと緊張関係にあり、また、布教のための戦士という意識から、他宗派への攻撃はむしろ正当化されていた。キリシタン大名もその支援を得るため、信仰のみならず、この破壊行為をも正当化するか、少なくとも暗黙の裡に支持していた。貧しい人々の中には、率先して自ら寺院を破壊した熱烈な教徒がいたことも事実だろうし、同時に、大名の暗黙の支持を利用して、第一章で述べたような「雑兵」と化して、昨日まで崇めていた寺院を破壊し、略奪した人もいたはずだ。まさにこれも、戦国乱世の一場面ではあった。

大友宗麟と大村純忠だけでキリシタン大名を語るのは、不公正な面もあるかもしれない。しかし、この二人の大名とその周囲の人々には、様々な時代の様相が象徴的に表れているように思われる。

第五章　織田信長とルイス・フロイス

ルイス・フロイスと『日本史』

ここで、これまで何度も引用してきた『日本史』の著者、ルイス・フロイスについて簡単に触れておこう。

フロイスは一五三二年にリスボンに生まれた。一五四八年、十六歳でイエズス会に入会、同年インドに赴き、インドのゴアでフランシスコ・ザビエル、そして日本人ヤジロウに出会っている。一五六一年には司祭に叙階され、一五六三年、長崎の横瀬浦に上陸した。

前章で触れたように、同地はトルレス司祭の時代に開港する予定だったのだが、純忠の家臣らの反乱でその夢はついえた。フロイスは戦禍を逃れて平戸に向かい、孤島の度島にて、通訳を長年務めたフェルナンデスから日本語や日本の風習、信仰について学ぶ。一五六四年十一月、平戸を出発、京都への布教活動に向かった。

九州で寺院の破壊活動を行い追放されたヴィレラ、そして盲目の琵琶法師からイエズス会士となったロレンソと共に、一五六五年から京都での布教活動が始まる。フロイスは京都の情景を生き生きと描写しているが、そこではこの町の建造物の美しさに魅せられたことを正直に告白している。特に、東山三十三間堂についての描写は読みごたえがある。

日本建築において他のいかなることより優れている点は、清潔さと秩序であり、それは寺院でも、諸侯、および貴人たちの住宅、庭園、御殿においても見受けられる。（中略）東山、すなわち「東の山」という山に近い平坦な原に三十三間という寺院がある。（中略）それは長さが百四十ブラサもあろうと思われ、中央にただ一つ大きい門がある。この門と向き合って、阿弥陀――その寺院のご本尊――の像がある。それは婆羅門風の坐像で、孔があいた大きい耳、無髯の顔、縮れ毛を有する。はなはだ大きい像で、すべて塗金されており、その塗金は、ヨーロッパの最良のものにまったく劣らない。（『完訳フロイス日本史１』）

そしてフロイスは、その像の周囲に並ぶ小さな仏像、そしてその前に置かれた神々の像を的確に描写していくが、この人がなかなかの審美眼を持っていたことを示すのは次の言葉だ。

これらの像の中でもっとも芸術的で、奇抜でもあり適合しているのは一人の乞食の像である。すなわち、それはその人物の貧苦と困窮の様子をきわめて迫真的に表しているので、真に鑑賞に価する。（『完訳フロイス日本史1』）

フロイスは著書の中で、戦乱や貧困に苦しむ庶民の姿をしばしば描いているが、彼にとってこの像が印象的なのはそのような現実に日常的に接してきたこともあったのだろう。実際、この京都の寺院の描写は（多少の勘違いはあるにせよ）本章で紹介する安土城の描写とともに、フロイスの文才の最も優れた面が凝縮された文章である。

この京都で、ヴィレラとフロイスは、将軍・足利義輝の保護を受けて布教活動を始めるが、義輝が三好、松永氏によって倒されると、キリシタンは京都を追放され、フロイスは堺に落ち延びることになる。一五六六年、ヴィレラが西下してからは、事実上の畿内における布教の責任者となった。

一五六八年、織田信長が足利義昭を擁して上京、戦国時代は大きな転換期を迎える。このとき、二条城の建築の場で信長と出会ったフロイスは、その時の対話を印象的な記録に残している。

一五七六年にはオルガンティーノ師に京都など畿内地方の布教をゆだねて九州に戻り、

そこでは前章に記したような大友宗麟の改宗やいくつもの戦場を目の当たりにした。そして一五八〇年、カブラルに代わって新たな日本布教の責任者となったアレッサンドロ・ヴァリニャーノと共に安土城を訪問、信長の歓迎を受けている。

しかし、その織田信長は一五八二年、本能寺の変に斃(たお)れる。一五八三年からはフロイスは、イエズス会の記録を残すための布教史の執筆に専念するようになった。その後、一五九七年に長崎で亡くなるまで、彼は著書『日本史』を執筆し、この戦国時代をイエズス会士の側から見た貴重な記録を残すことになる。

フロイスの『日本史』のどのページを開いても、当時のイエズス会士としての、自らの信仰を絶対視し、日本の宗教を下に見る偏見や蔑視が現れている。しかし、この史書を魅力的なものにしているのは、当時の日本人の姿が、庶民から大名、そして織田信長や豊臣秀吉のような「天下人」に至るまで、実に生き生きと個性的に描かれていることだ。

フロイスにはしばしば誇張や虚言があるとされる。確かに、彼がいかに語学力に長けていたとはいえ、ここに紹介されている日本人の言葉がすべて正確なものかどうかは疑問もあろう。しかし、ここで描かれた信長像、秀吉像は、すこぶる魅力的で、かつ興味深いものである。

フロイスは織田信長については終始好意的に、キリシタンの保護者として描いており、豊臣秀吉については当初は、保護者として、後には弾圧者として否定的に描いている。しかし彼の描くいずれの天下人の人間性も、不思議な統一感を持ち、その性格は人間味にあふれている。フロイスという外国人が描き出した織田信長像と豊臣秀吉像を通して、彼らがキリシタンをどう受け止めたかを見ていきたい。

織田信長とフロイスの邂逅

織田信長の性格について、フロイスは次のように記している。

彼は中くらいの背丈で、華奢な体躯であり、髯は少なくはなはだ声は快調で、極度に戦を好み、軍事的修練にいそしみ、名誉心に富み、正義において厳格であった。彼は自らに加えられた侮辱に対しては懲罰せずにはおかなかった。幾つかのことでは人情味と慈愛を示した。彼の睡眠時間は短く早朝に起床した。貪欲でなく、はなはだ決断を秘め、戦術にきわめて老練で、非常に性急であり、激昂はするが、平素はそうでもなかった。(『完訳フロイス日本史2』)

そして、信長が家臣の忠言をほとんど聞かないにもかかわらず家臣から尊敬されていたこと、清潔好きで、対話の際はだらだらした前置きを嫌ったこと、茶の湯、良馬、刀剣、鷹狩りを愛したことなどを述べており、印象的なのは「少しく憂鬱な面影を有し」ていたと記している。そしてフロイスは、信長が形式的にはともかく、本心ではあらゆる神仏や占い、迷信などを軽蔑していたとみなしていた。

この最後の部分は、フロイスが我田引水で信長の心理を解釈した面もあろう。フロイスは信長が仏教を軽視していた証拠として、彼のいくつかの発言を引用しているが、それ以上に多くのページを割いて紹介し、かつひそかに称賛しているのは、比叡山延暦寺の焼き打ちや、石山本願寺との戦争において、信長が容赦なく仏教徒を虐殺し寺院を破壊したことである。

本書第一章で述べたように、石山本願寺と信長の戦争も、一向一揆との戦いも、宗教対立による戦争とはみなしがたい。比叡山も含めて、信長は寺院勢力が政治化し、自らに抵抗する組織となった時に彼らと戦いそれを滅ぼしたのであって、他の戦国大名との戦争と本質的な差はないのだ。キリシタン大名の領地で行われたような、仏教そのものを廃絶するための寺院破壊や仏僧の追放とは異なる。ただ、フロイスが信長を高く評価し、また好意を抱いていたことは確実である。

信長は、キリシタンに好意的な武将・和田惟政の仲介でフロイスと会見することになったが、最初の段階では直接の面会は避け、フロイスからの贈り物をまず受け取った。贈り物は大きな鏡、クジャクの尾、ビロードの帽子などだったが、信長はそのうち帽子だけを受け取り、フロイスらに食事を与えてまずは帰した。その理由を信長はこう語った。

「予が伴天連を親しく引見しなかったのは、他のいかなる理由からでもなく、実は予は、この教えを説くために幾千里もの遠国からはるばる日本に来た異国人をどのように迎えてよいか判らなかったからであり、予が単独で伴天連と語らったならば、世人は、予自身のキリシタンになることを希望していると考えるかもしれぬと案じたからである」(『完訳フロイス日本史2』)

前半はともかく、後半部の、自分をキリシタンと判断されるのを恐れたというのは信長の本音であろう。入京したからといって、いまだに信長の地位は安定したものではなく、他宗派と対立しているキリシタンとの関係を疑われることは得ではあるまい。しかし、同時に信長は、キリシタンは危険だ、国を亡ぼす存在になる、一度京を追放されたフロイスを再び呼び戻すべきではないという、松永久秀の入説(にゅうぜい)を直ちに斥けてもいた。

「予は汝のごとき老練、かつ賢明の士が、そのように小心怯懦な魂胆を抱いていることに驚くものである。たかが一人の異国人が、この大国において、いったいいかなる悪をなし得るというのか。予はむしろ反対に、いとも遠く、かくも距たった土地から、当地にその教えを説くために一人の男がやって来たことは、幾多の宗派があるこの市にとって名誉なことだと思っているのだ」（『完訳フロイス日本史２』）

一五六二年、信長は築城中の二条城の壕に架かる橋の上で、自ら工事を指揮しつつ、宣教師ルイス・フロイスに面会し、約二時間にわたって矢継ぎ早に質問を発した。年齢はいくつか、ポルトガルから日本に来てどのくらいになるか、家族との連絡はどうなっているかなどの一般的な質問の後、信長は、もしも日本でデウスの教えが広まらなかった場合には、インドに帰るつもりかと尋ねた。

フロイスははっきりと、ただ一人の信者しかいなくても、いずれかの司祭がその信者のために、生涯この地に留まるであろうと答えた。その上で、自分はデウスの御旨に沿いたい一心で渡来したのであり、現世的な利益は求めないと答えた。すると、信長は周りの群衆に交じる仏僧を指さして叫んだ。

「あそこにいる欺瞞者どもは、汝ら伴天連たちのごとき者ではない。彼らは民衆を欺き、己れを偽り、虚言を好み、傲慢で僭越のほどははなはだしいものがある。予はすでに幾度も彼らをすべて殲滅しようと思っていたが、人民に動揺を与えぬため、また彼ら（人民）に同情しておればこそ、予を煩わせはするが、彼らを放任しているのである」と。（『完訳フロイス日本史２』）

この信長の言葉が彼の語ったそのままであったにしても、ここにはフロイスと信長の間に「美しい誤解」があったと考えるべきだろう。信長がフロイスの答えに感心したのは、彼らが現世的利益や政治的権力を求めることを第一の目的にはしていないことに対してであり、イエズス会のある種の政治性、他宗派の排撃をいまだに理解していなかったからである。同時にフロイスは、このような言葉を全面的に自分たちの信仰への支持と受け取った。確かに、信長には、中世的権威を否定し、自らの信念と価値観にのみ従うルネッサンス的自由人の一面があったことは確かである。フロイスにとって信長は、極めてヨーロッパ的な理解しやすい人物と思われた。

さらにフロイスが、自分が京都に在住することを許可する允許状の発行を頼み、「もし許して頂ければ殿下の名声は、殿がいまだ知らない、ヨーロッパのキリスト教諸国にも広がるだろう」と述べると、信長は嬉しそうな表情を浮かべた。この言葉は明らかに彼の自尊心をくすぐったのである。このように南蛮諸国を単に交易の相手としてだけではなく、自分の名声が世界的に拡大する対象としてとらえるのも、信長という人物の新しい感覚だった。

しかし、信長はこの時も即答は控えた。フロイスは、信長や和田惟政の支持を前提に、以前京都を追われる前に建てられていた教会を再建したが、允許状なしでは、この教会に住む正式の権利はなく、いつまた追放の憂き目にあうかもわからない。フロイスと彼を尊敬するキリシタンたちは、一日も早く允許状を出してもらおうと、銀の延べ棒三本を和田惟政を通じて信長に送ろうとした。惟政は自らそれに七本を加え、十本にして信長に進呈しようとすると、信長はこう反応した。

そこで信長は笑い、予には金も銀も必要ではない。伴天連は異国人であり、もし予が、彼から教会にいることを許可する允許状のために金銭の贈与を受けるならば、予の品位は失墜するであろう、と語った。その他、彼は和田殿に向かい、「汝は予がそのように粗野で非人情に伴天連を遇すれば、インドや彼の出身地の祖国で予の名がよく聞こえると思うか」(『完訳フロイス日本史2』)

そう言うと、允許状の作成を惟政に一任し、まず部下が書面を整えたうえでフロイスに確認させ、最終的に信長が調印することになった。当時の武将には珍しい清潔さと、さらに言えば見事な国際感覚である。また、直接フロイスに答えるのではなく、彼の保護者を通じて意志を伝えたところに、部下の人心を掌握する巧みさも感じさせる。同時に、信長がフロイスの思うようなキリシタンへの単純な保護者になるつもりはなく、あくまで制度的には距離を取り、特定の信仰のみを特別視しているような誤解を避けようとしたことをうかがわせる。

他にも、小さいながら興味深いエピソードがある。允許状の付与に感動したフロイスたちが、小さく精巧な目覚まし時計をお礼に信長に進呈しようとしたところ、信長はその機械には大いに興味を示したが、結局は受け取らなかった。

「予は非常に喜んで受け取りたいが、受け取っても予の手もとでは動かし続けることはむつかしく、駄目になってしまうだろうから、頂戴しないのだ」(『完訳フロイス日本史2』)

これは信長らしからぬ謙虚さというより、新しいものへの単なる好奇心ではなく、本心からの興味を持つ人物だからこそ発する言葉だろう。信長はフロイスらに岐阜で謁見した際も、ヨーロッパの科学知識から世界各国の習俗について、二時間以上も様々なことを訪ねている。

渡辺京二は著書『バテレンの世紀』にて、信長が宣教師の情報や、彼らがもたらすインドやポルトガルの品物を好んだことをこのように評している。

宣教師は彼の前にひらけつつあった国際社会の窓口であったのだ。宣教師のもたらす情報によって、ポルトガルからアフリカ・インドを経、日本に達する長い海の道のイメージが彼の脳中で形づくられた。彼が行おうとしている経綸は、この国際社会の中で評価にたえるものでなければならない。また、彼が創ろうとしている新しい日本は、この海の道がもたらす文物、情報を積極的に摂取する度量を持たねばならない。異国人や異国の来朝を歓待するのは、日本がまさに世界のプレーヤーの一員となることにほかならぬのだ。（『バテレンの世紀』）

織田信長はキリスト教の教義には関心を持たなかった。そのことはフロイス自身が認めている。

形だけは当初法華宗に属しているような態度を示したが、権威に就いて後は尊大にすべての偶像を見下げ、若干の点、禅宗の見解に従い、霊魂の不滅、来世の賞罰などはないと見なした。（『完訳フロイス日本史２』）

しかし、戦国乱世という、従来の価値観や秩序が解体し、自力更生と実力主義の時代を乗り越えて、新しい価値観に基づく新秩序を構築しようとしていた信長は、宣教師たちを、国際的な情報や普遍的価値観を日本にもたらす貴重な存在として重用したのだった。

あり得たかもしれない信長による「キリシタン大弾圧」

もちろん、このようなキリシタンへの厚遇に断固反対し、彼らとの対決を志した仏僧もいた。日乗上人という法華宗の僧侶と、元琵琶法師のロレンソ及びフロイスは、信長の面前で宗論を戦わせ、このことはフロイスの書にも詳しく掲載されている。しかし、少なくとも現代の読者の視点で読めば、議論自体が全く成立しておらず、お互いの価値観がただ並行して語られるだけである。ほとんど盲目であったロレンソが、イエズス会の教理を精緻に論じていることには驚かされるが、相手の日乗には全くその意味が伝わっていない。ただ、次の一文だけは、これまでも紹介してきた「天道思想」との関連において、キリシタンと僧侶がもう少し歩み寄り、有益な議論になった可能性をうかがわせる。日乗が、なぜ目にも見えず形もない「デウス」という絶対神の存在を信じることができるのか、その存在を証明できるのかと問い、ロレンソの側はこう答えた。

ロレンソ（曰く）「色体を有するもの、人間の肉眼で見えるものは、無限のものではありませぬ。それらはむしろ四大（地水火風の四元素）により構成された被造物である。だが、天地を司どり、統べ、それらに存在を与え、それを保ち給うところの天と地の御主、その無限の実体と本質は、四大によるものではなく、血肉の眼をもっては見ることができぬものなのです。私たちはこの世では、ただ信仰と理性により、また普遍的原因として御主から出づる種々の作用によって、御主を認識するに過ぎません。一つの譬喩（たとえ）によって容易にお判りになりましょう。すなわち遠い異国からもたらされた、立派で高価な品物においては、それらの品を見るだけで、それらを制作した芸術家が、鋭い才知と立派な理解力の持主であることが十分判ります。それと同じく、貴僧が日月星辰の構造や美しさに眼を注ぐならば、そしてこのいとも広大な地球上を見渡し、そして私どもに提示されている、かくも卓越した被造物の多様な様相を見られるのならば、貴僧はただちに、その主であり御作者が、無限の知恵と最高に優れた本性を備えた方であり、私たちはすべての者の理解力や能力、また私たちの知力の限られた観念を超越する方であることをお認めになるでありましょう」(『完訳フロイス日本史2』)

ここには、当時の日本人にはなじみ深い、自然の秩序と一体の宗教観が現れている。このような説法は、当時の日本人には決して理解しにくいものではなかった。だからこそ、キリシタンは信者を、それも熱烈な信者を獲得しえたのだ。しかし、日乗の側からすれば、それはそうであるかもしれないが、なぜその自然を作り出した絶対神が「デウス」であり、キリシタンの神でなければいけないのかが理解できないのである。ロレンソとフロイスの側は、当然の真理がなぜわからないのかと、様々なたとえ話を使ってデウスこそ絶対神だと語り続け、日乗は、それがなぜ証明できるのか、何一つ確かな答えはないではないかと繰り返すのみである。

最後に、激情した日乗は長刀をもって切りかかり「霊魂が存在するというのなら、今汝の弟子の首を斬るから見せてみよ」などと叫んでしまい取り押さえられた。信長の目前で本気で斬る気があったとは思えないが、お互いの信仰が全く歩み寄る気配がない以上、これ以上の宗論は無駄と判断したのかもしれない。いずれにせよ、信長からキリシタンを遠ざけようという日乗の目的は果たせなかった。

しかし、この時も信長は、一方的にいずれかの味方をする意志はなかったはずだ。日乗との議論に勝ったというのはフロイス側の立場での結論である。信長は、キリシタンであれ、また日乗の信ずる法華宗であれ、いずれにせよ他宗を排斥し禁教にせよと迫ることに対しては否定的だったのではないか。それを証拠立てる文献を、これも神田千里が紹介している。

一五七九年、安土城下での浄厳院にて、法華宗と浄土宗の僧侶による「宗論」が戦わされた。浄土宗浄蓮寺の霊誉玉念（れいよぎょくねん）という老僧が安土の町で説法をしていたときに、法華宗の信徒が論争をしかけ説法を妨害したのがきっかけである。双方の宗派が名だたる僧侶を繰り出して論争することになり、それぞれの信徒を交えて民衆の中でも大きな騒ぎとなった。

信長は、両者に大げさな宗論はやめるよう伝えた。信長の家臣の中にも法華宗もおれば浄土宗の信徒もおり、両者の対立は統治のためにもマイナスだった。何より、安土城下で無用の宗教対立を起こすことを嫌ったのだろう。しかし、浄土宗側は信長の指示に従うと述べたが、法華宗側は断固宗論の場で決すべしと和解を拒絶した。

結局宗論は信長の監視下で行われ、浄土宗の勝利、法華宗の敗北が決まったが、同時に、法華宗も宗派の存続が許され、その代わり二度と他宗派に論争を仕掛けないことを誓うことになった。この判定結果は、最初から明らかに信長によって仕組まれていたと神田は指摘する。法華宗側の僧侶の記録によれば、論争の途中で、いきなり法華宗側の敗北が判定され、浄土宗の僧はただちに法華僧の袈裟をはぎ取った（宗論で敗れた側にはしばしば行われた行為である）。『信長公記』に残された記録を読んでも、本質的な宗教論に行く前に、浄土宗側の衒学的な問いに法華宗側が混迷した時点で打ち切られているように読める。そして信長は、敗れた（？）法華僧側にこう語っている。

「お前たちの宗旨を褒める者は一人もいない。なぜ悪くいうのかといえば、他人を攻撃するからだ。自分の宗旨を褒めている分には、悪くいうような者はいるはずがないのに、他人の信仰を攻撃するから、他人が憎むのだ」（神田千里『戦国と宗教』）

挑発した法華宗の信徒は斬首された。フロイスはこれを信長の法華宗への反感とし、同宗への大弾圧が起きる可能性を示唆し、また法華宗側もこれを「法難」とみなしている。しかし、信長は「宗論」という公開の場での無用な宗教論争を、自分の領地ではやめさせることを望み、かつ、法華宗側による他宗派への攻撃や妨害自体を憎んでいたのである。「宗論」という名の下に、各宗派同士が、戦国時代の武将よろしく公開の場で議論し、最後には武闘に至りかねないような（何せ、僧侶たちも武装しており、また武士上がりの僧侶も多いのだ）状況は、天下人として戦国乱世を秩序立てようとする信長にとって好ましかったはずはない。フロイスは織田信長を、キリシタンへの偉大な保護者として描いた。信長も彼らに好意を持ったことは事実だろう。しかし、仮にフロイスらが、キリシタン大名の領地で起こしたような仏教寺院の破壊や、キリスト教以外の宗教を滅ぼすような行為に及んだ時は、おそらく信長は、一向一揆や石山本願寺同様、彼らを敵として弾圧したにちがいない。

そして、信長とキリシタンの関係では、一度、ある緊迫した情勢がもたらされたことがある。一五七八年、摂津国の荒木村重が信長から毛利及び本願寺側に寝返ったとき、村重の武将でありキリシタンでもあった高山右近は、高槻城に立てこもり信長と戦う道を選んだ。イエズス会士オルガンティーノは、右近に事前に相談を受けたときに、信長側につくことを忠告したが、右近は自分の子と妹を村重に人質として預けており、他に選択の余地はなかったのだ。

すると信長は、京都のイエズス会士の半分を人質にとり、オルガンティーノに、右近に開城を迫ること、仮に右近が開城を拒み戦うのならば、この地域のキリスト教団をすべて滅ぼすことを伝えさせた。右近はこの脅しに深く悩んだ。彼は、オルガンティーノが説得をあきらめて城を出ようとしたときに後から追いすがり、その場で剃髪、城は開城に及んだ。

以上の経緯は、神田千里がオルガンティーノから直接の報告を受けた宣教師フランシスコ・カリヤンの書簡と、『信長公記』からまとめ上げたものである。フロイスの『日本史』では、信長がイエズス会の力を借りて右近の降伏開城を求めたことは記されていたが、会士たちを人質に取ったのは右近の決意を促すためであり、キリシタンを殺す意志などは全く書かれていない。

これに関しては私も神田同様、フロイスよりもカリヤンの証言の方がはるかに正確と判断できる。右近が開城をもし拒否した場合、果たして本当に信長がキリシタンを殺害したかどうかはわからない。ここまで言えば、右近は開城せざるを得ないだろうという読みもあったのかもしれない。しかし、信長にとって、自分を裏切った武将を説得することもできないのがキリシタンであるとするならば、そんなものに意義は認めなかったかもしれないのだ。

織田信長とキリシタンとの関係は決して単純なものではなく、彼が本能寺で光秀に討たれず、キリシタンの宣教が、その後の信長の意図する天下秩序に反することがもし起きたならば、信長は秀吉・家康以上のキリシタンへの弾圧者として立ち現れたかもしれない。このことは、フロイスの描く魅力的な信長像と共に、歴史を見るものとして認識しておかねばならないだろう。

第六章　ヴァリニャーノと天正遣欧使節

ヴァリニャーノのイエズス会改革

一五七九年、アレッサンドロ・ヴァリニャーノ司祭が来日する。一五三九年、ナポリ王国で生まれたヴァリニャーノは、一五六六年イエズス会に入会、名門のパトヴァ大学やローマ学院で神学や哲学を学んだエリートだった。一五七三年、彼は東洋地域を回る東インド管区（アフリカ東部から日本に及ぶ）の巡察師に任ぜられるが、この「巡察師」とは、イエズス会総長の名代として、各地の布教活動における諸問題を解決する重要な職である。まだ若いヴァリニャーノがこの職を任せられたのも、彼の学識と指導力が高く評価されていたからだろう。

彼はインド、マラッカ、マカオなどで活躍した後、日本を訪れた。ヴァリニャーノが受けていた報告によれば、既に日本のキリシタンは十数万人に及び、大友宗麟ほか有力な大名も改宗、順調に布教は進んでいるはずであった。

しかし、日本の現実を見てヴァリニャーノは失望せざるを得なかった。まず、キリシタンに改宗した大名がいることは確かだが、ほとんどは九州地方、それも西九州に限定されている。そして、布教長のカブラル自身、日本人への軽蔑を隠さず、大名は南蛮貿易の魅力で改宗しているに過ぎないと証言している。守護大名だけではなく、キリシタンに改宗した民衆自身も「新しいキリシタンの大群衆は、キリスト教の信仰をその地の守護大名の強制によって受け入れた」のが実情であった。

特にヴァリニャーノが衝撃を受けたのは、当のキリシタン大名からの宣教師批判だった。大村純忠や有馬晴信らは、カブラルの明らかな日本人蔑視や、自分たちへの高圧的な態度への反感から、率直に次のように述べたという。

「あなた方宣教師は日本人に対して無礼であり、気もきかぬ。神社仏閣をわれらが破壊したのは、司祭たちがキリシタンの教理に反するというので、不本意に行なったまでのことで、宣教師たちが日本人の美しい習慣や高尚な態度を学ぼうと努力せぬことはまったく無智なことだ」（松田毅一『天正遣欧使節』）

確かにカブラルの態度は傲慢を極め、この時点ではキリシタン大名の中でも、大友宗麟以外はほとんど彼と話そうともしていなかった。日本人を司祭にする気はないのでラテン

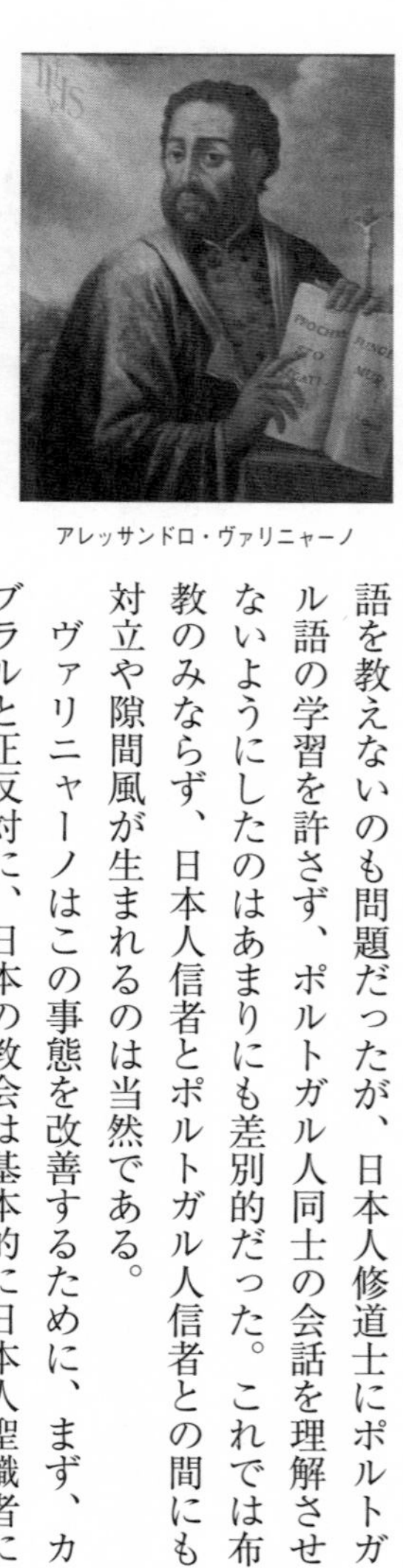
アレッサンドロ・ヴァリニャーノ

語を教えないのも問題だったが、日本人修道士にポルトガル語の学習を許さず、ポルトガル人同士の会話を理解させないようにしたのはあまりにも差別的だった。これでは布教のみならず、日本人信者とポルトガル人信者との間にも対立や隙間風が生まれるのは当然である。

ヴァリニャーノはこの事態を改善するために、まず、カブラルと正反対に、日本の教会は基本的に日本人聖職者によって運営されるべきだという基本方針を確立し、そのための教育機関を島原と安土に建設することを目指した。ヴァリニャーノは、日本人を改宗させるには、母国語である日本語でキリストの教えを説くことが出来る人材が何よりも必要だと確信していた。ポルトガル人がどんなに努力しても、会話においても著述においても、日本人のレベルに達することは難しい。このままでは書籍の翻訳もできず、正しい布教もできないのだから、日本人の修道士や司祭を育てることが急務である。

ヴァリニャーノはさらに、日本の文化、風習、具体的には食事の内容や作法、服装、立ち居振る舞い、交際の仕方、礼節などが、ことごとくヨーロッパとは違い、時には正反対の価値観に根差していることに気づいた。同時に、宣教師たちが、特に日本の礼儀作法に従わないために、トラブルや誤解、時には軽蔑を受けていることも知る。

ヴァリニャーノは「自分たちは全く違う社会・風習の中で育ってきたのだから、日本の礼法を知らないのもやむをえないと理解してほしい」と訴えたが、日本人から返ってきた答えは次のものだった。

「そのことについては、あなた方に同情するし、一年や二年なら我慢するが、幾年も経っているのであるから我慢できない。なぜなら、あなた方が日本の風習や礼儀を覚えないのは、それを覚えようともしないし、それがあなた方の気に入らないからである。それは私たちに対する侮辱であり、道理にも反する。なぜなら、あなた方が日本に来て、その数も少ない以上は、日本の風習に従うべきであり、私たちは日本の礼式をやめることはできないし、あなた方の風習に従うべきでもない。あるいはまた、あなた方が日本の風習を覚えないのが、あなた方にその知力と能力が欠けているためであるならば、日本人はそれほど無能なあなた方の教えを受けたり、あなた方を師とすべきでもない」（『天正遣欧使節』）

ヴァリニャーノはこれらの実態を、イエズス会本部への報告書として記している。彼にはこの日本人の訴えは全く正しいものと思われた。そして彼は、服装は修道服を身に着けるとしても、他の風習については原則的に在日宣教師は日本人の風習や礼儀作法に従うことを命じた。

カブラルはもちろんこのような方針には大反対だった。二人はことごとく対立し、結局、カブラルは日本における布教長の地位を辞任、一五八三年には日本を離れた。ヴァリニャーノも、キリスト教を至上の価値とし、ヨーロッパ文明の優位性を信じる上ではカブラルと本質的に違ったわけではない。しかし、少なくとも、各地域における布教においては、その地域の風趣や礼法を重視しなければならないという柔軟さを持っていた。軍人上がりのカブラルと、イタリアで人文科学や哲学を学んできたヴァリニャーノの個性の差もそこにはあったのだろう。

安土城とヴァリニャーノの上京

織田信長が安土城を築き、この城を彼の本拠としたのは一五七六年のことである。イエズス会士で京都での布教をこの時期任されていたオルガンティーノは、同年、聖母被昇天教会、いわゆる「南蛮寺」を建立、安土城が天守閣を含む完全な城郭として完成した一五八〇年には、信長から与えられた城下の一角に修道院を建てた。オルガンティーノは大の日本人びいきで、信長の信頼も厚かったが、キリシタンたちもこの修道院建設には全力を尽くした。

階下には外部の人を宿泊させるために、はなはだ高価で見事に造られた茶の湯の場所を備え、きわめて便利で、清潔な良質の木材を使用した座敷が造られた。二階には、一つは市(まち)の上に展開し、他は心地よい広々とした田園の眺望に向けられた幾つかの窓を付した廊下によって三方囲まれた我らの寝室、または部屋に利用される若干の広間を作った。（中略）この二階の上に、さらに一階を設け、そこには巡察師の意向に添って神学校として使用される長くよく設備された住居を建てた。（『完訳フロイス日本史３』）

座敷を設け、茶の湯を点(た)てる場所も設置したのは、日本の貴人を迎えるための設定であり、何よりも神学校をこの新たな信長の都に建てることは、ヴァリニャーノの目指す日本人修道士の育成のために重要なことだった。同じ神学校は先に島原半島有馬にも建てられていたが、これは龍造寺隆信に攻撃され滅亡寸前にまで追い詰められた戦国大名・有馬鎮(しげ)

貴（晴信）を、ヴァリニャーノ及びイエズス会が総力を挙げて支えたことの結果である。

ヴァリニャーノが定めた神学校の規律によれば、夏は午前四時半起床、司祭たちと共に朝の祈り（冬は以下の全てが一時間遅れる）。祈祷後、ミサに与り、午前六時から七時半まで勉強、七時半から九時まで、ラテン語の教師の所に行って宿題を採点してもらい、指導を受ける。九時から十一時までが食事と休憩。十一時から午後二時までが日本語の読み書き。二時から三時までは音楽を学ぶ。三時から四時半までは再びラテン語。五時から七時までは夕食と休養。七時から八時まで再びラテン語の復習。八時に夕べの祈りを唱えて就寝となっている。かなりのハードスケジュールである。

安土であれ有馬であれ、この神学校に生徒を集めるのは決してたやすくはなかった。武士の両親も、子供を神学校に送れば跡取りはいなくなると考えたし、子供たちも、自由を失い、頭髪をそられ、堅苦しい宗教生活を強制されるのはまっぴらだったのである。フロイスによれば、入学生には米二百俵を扶養するという恩賞が高山右近により与えられた。だが、この神学校の誕生は、後の天正遣欧使節につながっていくことになる。

一五八一年、ヴァリニャーノは上京し、本能寺で織田信長に面会した。ヴァリニャーノが連れてきた黒人奴隷に信長が驚嘆し、その後部下として召し抱えたことは有名である。この黒人は「弥助」と名付けられ、本能寺の変の際も信長と共に宿泊していたとされるが、その後の消息はよくわからない。この時は、信長は京都で大規模な馬揃えを行ったが、これは石山本願寺への戦勝記念の意味合いを込めたものであり、信長の威勢を天下に示すイベントでもあった。

装飾された競技場には、飾り具をつけた馬にまたがり、各人華麗な出立ちの七百人の武将が集うことになり、諸国から見物のため同所に集まる群衆の数は、皆の判断によると二十万人に近いと言われる。巡察師（ヴァリニャーノ）は、入場者が身につけている大量の金と絹が織りなす絢爛豪華な光景は生涯かつて見たことがないものだ、と語っていた。（『完訳フロイス日本史３』）

この馬揃えは正親町天皇ほか公卿たちも観覧し、信長はさらに、ヴァリニャーノが贈呈したビロードの豪華な椅子を家来たちに担がせて披露した。これをフロイスは自分たちへの好意の表れと解釈したが、信長としては、このイベントの主催者として、自らが異国からも祝福されていることを誇示する狙いもあったのだろう。

そして信長は、ヴァリニャーノ一行を安土城に招く。フロイスはこの安土城の様相を感銘を込めて記している。

それらはヨーロッパのもっとも壮大な城に比肩し得るものである。事実、それらはきわめて堅固でよくできた高さ六十パルモを越える――それを上回るものも多かった――石垣のほかに、多くの美しい豪華な邸宅を内部に有していた。（中略）そして（城の）真中には、彼らが天守と呼ぶ一種の塔があり、我らヨーロッパの塔よりもはるかに気品があり壮大な別種の建築である。この塔は七層から成り、内部、外部ともに驚くほど見事な建築技術によって造営された。事実、内部にあっては、四方の壁に鮮やかに描かれた金色、その他色とりどりの肖像が、そのすべてを埋め尽くしている。外部では、これら（七層）の層ごとに種々の色分けがなされている。あるものは、日本で用いられている漆塗り、すなわち黒い漆を塗った窓を配した白壁となっており、それがこの上ない美観を呈している。他のあるものは赤く、あるいは青く塗られており、最上層はすべて金色となっている。この天守は、他のすべての邸宅と同様に、我らがヨーロッパで知る限りのもっとも堅牢で華美な瓦で掩われている。（『完訳フロイス日本史3』）

フロイスはこれに続き、この安土城が堅牢な要塞であるとともに芸術的な美しさを兼ね備えていること、日本人大工の建築技術の高さ、繊細さをほめたたえている。宗教的には偏見を持っていたフロイスだが、このような美的センスにおいては大変公正であった。信長自身、安土城に自信を持っていたからこそ、ヴァリニャーノやフロイスの証言によってこの城と自らの威光をヨーロッパまで伝えようとしたのだろう。このとき、信長が彼らに、安土城と城下町を描いた華麗な屏風を進呈したのもそのために違いない。この屏風は、日本各地の教会で展示されたのち、天正遣欧使節に預けられ、ローマ教皇に献上されることになる。

さらに、信長は盆の行事として、京都の馬揃えに匹敵する大ページェントを安土にて行う。本来、お迎え火として自宅前で炊かれる火を、この時信長は禁じた。

彼（信長）だけが、色とりどりの豪華な美しい提燈で上の天守閣を飾らせた。七階層を取り巻く縁側のこととて、それは高く聳え立ち、無数の提燈の群は、まるで上（空）で燃えているように見え、鮮やかな景観を呈していた。彼は街路——それは我らの修道院の一角から出発し、前を通り、城山の麓まで走っている——に、手に手に松明を持った大群衆を集め、彼らを長い通りの両側に整然と配列させた。多くの位の高い若侍や兵士たちが街路を走って行った。松明は葦（カンナス）でできているので、燃え上がると火が尽きて多くの火花を散らした。これを手に持つ者は、わざと火花を地上に撒き散らした。街路はこれらのこぼれ火でいっぱいとなり、その上を若侍たちが走っていた。(『完訳フロイス日本史3』)

このような風景を演出する信長の姿は、ルネッサンス的芸術家としての一面を強く感じさせる。そして、これだけの演出はやはり自らが絶対の権力を持つ安土でしかできなかったはずで、信長がこの地を、天下統一後の、新たな政治・経済・文化の中心地として想定していたことを思わせる。だが、信長は一五八二年六月、本能寺の変により明智光秀に討たれ、この安土の城も、そして神学校も無に帰することとなった。

天正遣欧使節

一五八二年二月二十日、ヴァリニャーノは日本巡察の任を終えてポルトガル船で長崎を発つ。彼の業績は、何よりも、日本人修道士育成のための道筋をつけたことだった。そして、同じ船には、伊東マンショ、千々石(ちぢわ)ミゲル、中浦ジュリアン、原マルチノ、コンスタンチノ・ドラード、アグスチーノという六人の日本人少年(正確な日本名はわからない)が乗

り込んでいた。著名な天正遣欧使節である。彼等にはジョルジュ・ロヨラという日本人修道士が付き添っていた。

伊東マンショはキリシタン大名・大友宗麟、千々石ミゲルは有馬晴信並びに大村純忠の名代とされ、二人は正使として、それぞれ主君から託されたという書面を携えていた。その書面は、ローマ教皇、イエズス会総長、ポルトガル国王などに宛てられたものである。中浦、原の二人はいずれも副使として、他の二少年は随員として乗船していた。

一行はインドからアフリカを経て、二年半に及ぶ船旅の後にポルトガルの首都リスボンに到着、次いでスペインを経てローマで教皇に謁見し、ヨーロッパ各地を旅したのちに長崎に戻る。到着したのは一五九〇年七月二十八日、約八年半にものぼる、歴史的な大旅行であった。

この使節団について詳細な研究を行ったのは松田毅一（きいち）である。彼の研究によれば、伊東マンショ

天正遣欧使節。右上から時計回りに伊東マンショ、千々石ミゲル、原マルチノ、中浦ジュリアン。

は、日向国都於郡（とのこおり）で、伊東修理亮祐青（しゅりのすけすけきよ）と大名・伊東義祐（よしすけ）の娘・町上との間に生まれた子供で、島津軍の侵攻で伊東家は城を追われ、祐青は戦死したとされる。幼いマンショを含む一行は、遠縁にあたる大友氏が治める豊後に落ち延びた。事実上孤児となったマンショは、豊後でペドゥロ・ラモンという宣教師に出会い、ヴァリニャーノの建設した神学校に入学する。神学校入学には武家の両親は反対するケースが多かったが、この少年にはその両親がすでにいなかった。しかも、遠縁とはいえ、伊東家は大友家と血縁関係にもある。ヴァリニャーノとしては使節とするに格好の学生であったはずだ。

千々石ミゲルに関しては、有馬晴信のいとこ、大村純忠の甥にあたることがほぼ明らかだが、中浦、原の二人の素性は不明である。この四人とも、ヴァリニャーノの神学校の生徒であることから、マンショのように孤児として保護されたか、あるいは、両親がキリシタンで息子を入学させたかのいずれかだろう。しかし、彼らがこの神学校で受けた教育は、学校建設が一五八〇年であることを考えれば、わずか一年ほどにすぎない。彼らはラテン語、ポルトガル語ともにまだ十分な知識を持っていたとは思えず、この渡欧も自由意志ではありえなかった。この使節団は完全にヴァリニャーノの企画・発案・そして実行によるものであり、彼自身それをはっきりと述べている。

「少年たちが、ポルトガルとローマにおける旅行中に追求すべき目標は二つある。その一は、世俗的にも精神的にも、日本が必要とする救援の手段を獲得することであり、他の一は、日本人に対し、キリスト教の栄光と偉大さ、この教えを信仰する君主と諸侯の威厳、われらの諸王国ならびに諸都市の広大にして富裕なること、さらにわれらの宗教がその間享受する名誉と権威を知らしめることである。（中略）これら日本人少年たちは、帰国の後、目撃証人として、また有資格者として、自らの見聞を（同胞たちに）語り得るであろう。かくてこそ、われわれの諸事（万般）にふさわしい信用と権威を日本人（の間）に示し得るのである」（『天正遣欧使節』）

まずここでヴァリニャーノは、少年使節の目的として、日本におけるイエズス会の布教活動に対し、ヨーロッパのカトリック社会からさらに多くの精神的支持、経済的支援を得ること、そして、彼らを実際のヨーロッパ文明の偉大さに触れさせ、帰国後、日本人に対し実体験を通じてそれを伝えさせることを挙げている。さらに、以上の目的を達するために何をすべきかを語るとき、彼の口調はさらに露骨になっていく。

「第一の成果を収めるために必要と思われるのは、少年たちを（ポルトガル国王）陛下、

（ローマ）教皇聖下、枢機卿、その他の諸侯に知らしめることである。（中略）そのためには、当該使節（少年ら）が、豊後と有馬の（二人の）国王、ならびにドン・バルトロメウ（大村純忠）から派遣された高貴な身分ある人たちであること、彼らは（上記の）諸王から（わざわざ）陛下を訪れ、教皇に帰服を表明するために派遣され、彼ら（諸王）の書状を金（箔）の文箱に入れて持参していること（を人々に知らさねばならない）」（『天正遣欧使節』）

しかし、この少年たちが「高貴な」身分であったとはとても言えず、また、少年たちがヨーロッパに携えていった各大名からの文書は、ほぼヴァリニャーノが同一の日本人に書かせたものであった。これも松田毅一が緻密に調査しているが、大友宗麟の書面には、既に宗麟が使っていない古い花押が押されており、また、有馬晴信、大村純忠の文書は、別々の大名により書かれているはずなのに、筆跡を見る限り同一人物のものだったのである。事実、マンショを保護したペドロ・ラモンは一五八七年、大友宗麟がマンショを自分の使節として欧州に派遣されたことなど全く知らなかったことを暴露している。あえていえば、ヴァリニャーノは、日本におけるイエズス会が、高貴な身分の日本人を次々と入信させているという偽の宣伝をするために、少年たちの身分を偽造したのだ。さらに、少年たちにヨーロッパの何を見せ、何を見せてはならないかについて、ヴァリニャーノは次のように説いている。

「第二の成果を収めるためには、少年たちが、上記諸貴顕から好遇され、恩恵に浴し、それらの方々の偉大さ、ならびに諸都市の華麗さと富裕、さらにわれらの宗教がそれらすべての上に有する威信について理解するようにする必要がある。そのためには、国王陛下の宮廷や、ポルトガル、ローマ、その他少年たちが通過する大部分の都市において、大建築、教会、宮殿、庭園、銀製品とか豪華な聖具室といったもの、その他、教化の糧となるような諸物など、高貴で偉大なものばかりを見せ、それに反する概念を抱かせるようなものをいっさい見させてはならない」（『天正遣欧使節』）

この姿勢を、渡辺京二はこう述べている。

一九五〇年・六〇年代にソ連や中国を訪ねた日本人が、目かくしされてよいところばかり見せられた例を想起させる。総じてイエズス会が二〇世紀の共産主義政党と性格・手法において一致していることはおどろくほどである。（『バテレンの世紀』）

同時に私がある凄みを感じるのは、ヴァリニャーノが、少年たちや日本の諸大名のみならず、カトリックの頂点であるはずのローマ教皇も、イエズス会の「宣伝戦」のためには騙してもよい対象とみなしている点である。神の理想をロヨラの『霊操』体験によって徹底的に自己の内面化することが、逆に現実社会におけるあらゆるマキャベリズム、時として虚言やプロパガンダ、他者を目的のために利用することを無条件に肯定してしまうのだ。これは共産主義のみならず、ユートピア的（いいかえれば宗教的）理想を実現しようとするすべての組織や運動に内在する危険性であることを、このヴァリニャーノの言葉はまざまざと感じさせる。

しかし、幼い少年たち（彼らの年齢は、十三〜四歳と推測される）はこの運命に耐え抜いた。長崎出発時、四人のうち少なくとも二人の母親が、最後まで息子の出発に反対し、またこれが生き別れかと思って泣きついた。ヴァリニャーノは「必ず無事に、あなた方の子供を四人とも日本に連れて帰る」と約束してなだめた。当時のインド航路は確かに危険であり、しばしば事故や病に斃れるものも多かったのである。実際、当初少年たちは激しい船酔いに苦しみ、インド洋では熱帯の気候と、腐敗しかけた食料、伝染病などに苦しめられた。マンショはこの時重い病にかかり、ヴァリニャーノが必死で看病して一命をとりとめた。

インド到着後、ヴァリニャーノは現地イエズス会のインド管区長に任命され、少年たちはゴアの学院長ヌーノ・ロドリゲス、日本からの随行者メスキータらに委ねられる。ここでもヴァリニャーノは長い指令書を二人に渡し、ヨーロッパに到着しても、絶対悪い印象を与えるようなものを見せてはいけない、また「少年たちは外部の人たちと絶対に交際させないようにされたい。それがために、少年たちが訪れるところは、何処であれ、常に一人の司祭と一人の修道士を伴わせていただきたい」と書き送っている。宮廷であれ、聖職者のもとであれ、そこにある問題点、欠点などは一切少年たちに気づかれてはならないのだ。この指示などは、ほとんど現在の北朝鮮における旅行者への監視に近いものを思わせる。

インドからの旅路は約六カ月近くを要したが、一五八四年八月、少年たちは、無事ポルトガルのリスボンに到着し、十一月にはスペイン国王フェリペ二世に謁見している。ヴァリニャーノの目論み通り、スペインのトレードの町に滞在中、少年たちは、修道院や病院を含む見事な街並みに感動した。各地を回りつつ、一五八五年三月、ついに彼らはローマを訪れる。

実はヴァリニャーノは、少年たちがあまり王侯貴族のように歓迎され、扱われることは、他の教団の嫉妬を買いかねないこと、また、少年たちの真の身分や立場が悟られかねないと恐れていた。教皇との謁見も、目立たず私的な形で行われることを望み、イエズス会にもそう伝えていた。しかし、当時八十四歳の教皇グレゴリオ十三世自らの意志で、少年たちはバチカン宮殿内の「帝王の間」で公式の謁見を賜ることになった。教皇は、イエズス会側が遠慮すればするほど、それを謙譲の姿勢と受け取り、はるか遠方から訪れた少年たちを温かく歓迎することを決意したのだ。教皇以下多くの人々を感動させたのは、少年たちが、地球の裏側から三年近くの、長く危険な航海を経て、このローマに神と教皇への服従を誓うためだけに訪れたことだった。

三月二十三日、ローマ教皇との正式謁見の日を迎えたが、中浦ジュリアンはこの時重い病気にかかっており、医者も外出を禁止していた。しかし彼は教皇にまみえることができれば死んでも本望だと、無理にでも参列しようとした。見かねた聖職者が、彼を馬車に乗せてバチカンに連れてゆき、教皇は何とか臨席したいと訴える中浦ジュリアンに「今はただ、健康のことだけを考えるがよい。汝が全快することは予の慰めである」と優しく語り、彼を抱擁した。ジュリアンは深い感動を受けて辞去した。

残り三人の少年使節は、日本の着物を身にまとい、ビロードで飾られた馬に乗ってバチカンにむかった。沿道は群衆で埋まり、祝砲が撃たれ、砲声がやむと音楽が鳴り響いた。

先頭には教皇庁の軽騎兵、スイス人衛兵、教皇庁の職員、鼓手、そして大司教に導かれて、伊東マンショ、千々石ミゲル、原マルチノが歩み、さらにそのあとを騎馬隊が続く。少年たちにとって、この瞬間だけでも、これまでの航海上のすべての苦労は報われたように思えただろう。

「帝王の間」で、三人の少年が教皇の御前に進み出ると、教皇の眼は涙に溢れた。臨席の聖職者たちも同様だった。伊東マンショらが進み出て土下座すると、教皇は十字を切り、さらに頭を垂れ、一人一人に手を差し伸べて抱擁した。高齢の教皇は、おそらく自分の生命はもうそれほど長くはないことを悟っていた。その最晩年、遠くアジアから来た若き信徒たちとの出会いは、彼の心に深い感動を与えたのだろう。

教皇はこの謁見後まもない四月十日に世を去った。最後の言葉は「日本の公子たちは、どうしておるか」だったという。

その後も、少年、いや、既に青年になりつつあった彼らはヨーロッパを巡り歩き、各地で熱烈な歓迎を受けた。ヨーロッパの人々も一様に、彼らの礼儀正しさ、謙虚さ、若さにもかかわらず幼稚な振る舞いがないことに感心している。そして、ヴァリニャーノの指令通り、彼らは全く外部の人々と接触することはなかった。また、彼らの語学レベルでは、自由に庶民と会話することもできなかった。彼らはポルトガル語を少しは話したが、イタリア語は解せず、ラテン語に関しては文法を学んでいた程度だった。日本でのわずか一年の教育では推して知るべしだろう。

一五八六年四月、彼らはヨーロッパを後にし、一五八七年五月、インドのゴアに到着、ヴァリニャーノと再会した。ここで、四人のうち最もラテン語が得意だったという原マルチノが、ヴァリニャーノに感謝する演説をラテン語で行っている。おそらく船中で同行していたイエズス会士が書いたものを読み上げたにすぎないだろう。その内容の空虚さを見ればそのことは明らかである。この演説は、教皇との謁見の感動を語り、ヨーロッパの偉大さを讃え、次のように日本の「布教」というより、「征服」に近い言葉が語られている。

「どうかパドレ様、パドレ様が神のご命令に由って率いられるだけの天の大軍を率いて、日本の島に打ち渡り、神の御軍によって国を略し、恩寵をもって捷ち、残忍極まりなき敵の手より、圧迫させられたる祖国を真の自由に導き還らし給え。日本はパドレ様をお喚び申し、待ち焦がれております」

しかし、当時の日本では、全く異なる情勢が起きていた。一五八七年の豊臣秀吉による伴天連追放令の発布である。同時に、ペドロ・ラモンによって、伊東マンショらの身分はヴァリニャーノが詐称したものであるという告発もこの時期ローマに送られている。しかし、ヴァリニャーノは屈しない。状況を打破し、かつ今回の遣欧使節の意義を記録するために『遣欧使節対話録』を執筆する。

ここで「執筆」と書いたが、ヴァリニャーノは同書を「使節青年たちの全手記を整理しまとめたもの」としている。だが、松田毅一や他の研究者が認めているように、この本は実質上ヴァリニャーノの著作である。「彼はこの書物のうちに、遣欧使節らに彼の地で見聞させたかったこと、また彼らをして帰国後に、同胞たちに語らせたかったこと」（松田）を披露したのだ。あえて言えば、この書は、遣欧使節が語っているかに見せた、ヴァリニャーノによるキリスト教社会のプロパガンダである。それは、以下のような引用を見ればすぐわかることだ。

「キリスト教を奉じる貴族、大名の間では、王に仕える役職人として、自分の国王に謀叛（むほん）をたくらみ、またはあえてこの企てを助長し、これに協力をするような気風はまったくないといってよい」

「叛乱（はんらん）ということは、ヨーロッパの人々の心にとっては実に縁遠いものだ」

「暴力なんてそんなものに訴える余地は、キリスト教を信ずる王公の間には決して存在しない」と。（『天正遣欧使節』）

さらに、黒人やアジア人への蔑視が語られ、千々石ミゲルの言葉として「自分を生んだ祖国に対する断ちがたい愛情の絆を離れて万事を公平に見渡し、そして公正な秤にかけて考えてみれば、やはりヨーロッパが世界のあらゆる部分の中で、最も優れたものであって、神のその御手に溢れるばかりに、最もよきものを多量に盛ってヨーロッパにこれを与え給い、積み上げ給うたのだとの判断を率直に認めざるを得ない」と、ヨーロッパの優位性が語られる。

そして、当時の日本について、暴力や武力にかき乱されているという記述は戦国時代の一面をついているにせよ、日本の音楽は技術もなければ訓練もなく、舞踊は騒々しく混乱した叫び合いであり、日本の宗教家とヨーロッパのキリスト教徒とは「天の頂と地球の中心に至るほど」の差があると言うに至っては、あまりにも見え透いた宣伝文と見なされても仕方がない。

そして、この少年たちが、当時の九州の一地方、それも貧しい地方の出身だったことを忘れてはならない。彼らがもしヨーロッパの都市や宮殿に圧倒され、日本よりも発展した社会だと考えたにしても、それは、フロイスらも感銘を受けた、安土城や京都の建築物を彼らが知らなかったからに過ぎないかもしれないのだ。

遣欧使節が日本に帰国したのちの運命については、次章以降で簡単に触れることにする。

しかし、彼らが本当にヨーロッパで何を感じたのかということに関する、客観的な資料は実は乏しい。ただ、最低限言えることは、グレゴリオ十三世との謁見だけは、少年たちにも、また教皇にも、深い感銘を与えたことである。特に、病身の身に温かい言葉を懸けられた中浦ジュリアンにとっては、忘れがたい体験だっただろう。後のジュリアンの殉教は、この時の感動がどれほど重く尊いものだったのかを、逆に証明しているようにも思われる。

第七章　世界に連れ去られた日本人奴隷たち

岡本良知の先駆的、かつ公正な日本人奴隷研究

ここで、ポルトガル人の日本来航、キリシタン伝来と切り離せない問題として、奴隷として海外に連れ去られた日本人の問題について記しておきたい。この日本人奴隷の問題については、岡本良知の戦前・戦中における先駆的な論文『十六世紀に於ける日本人奴隷問題』『十六世紀日欧交通史の研究』がある。そして、様々な実例を抽出し、かつ分かりやすく紹介しているのがルシオ・デ・ソウザ／岡美穂子共著『大航海時代の日本人奴隷』（中公叢書）だ。資料も乏しく、無視されるか、あるいは極端に論じられることが多いこの問題について、本稿では上記の書を中心に考えていきたい。

まず岡本論文『十六世紀に於ける日本人奴隷問題』は、まず冒頭でこの問題を次のように要約している。ポルトガル人は日本人奴隷を、シナからインドまで売買することで多額の利益を得た。同時に、戦国時代の日本では、社会的秩序が乱れ、貧民が子供たちを売り、また子供の誘拐と人身売買も後を絶たなかった。岡本がここで、戦場における捕虜、そし

て一般住民が奴隷として売られていったことを指摘しているのは、藤木久志らの先駆者というべき視点である。

さらに岡本は、この奴隷貿易には、日本側にもポルトガル側にも、これを推進しようとする勢力と、また阻止しようとする勢力がそれぞれに存在しており、海外に定住した日本人奴隷が、その後諸国で様々な問題を起こしたことにも触れている。以上は公正かつ冷静な視点と言えるだろう。以下、まず岡本の研究についてみていく。

岡本はまず、一五七一年の段階で、ポルトガル国王が日本人奴隷取引を禁じる勅令を出していることを紹介する。ポルトガル国王ドン・セバスチャンは、日本人奴隷売買の正当な理由はなく、また、キリスト教布教の妨げにもなると見なし、奴隷売買を全面禁止している。そして、日本人奴隷は直ちに放免されるべきであり、また、日本人を奴隷にしたり、奴隷として購入したものは財産を没収すること、その財産は半分は国庫に納入、半分は告発者に与えられることが告げられている。なお、この日本人奴隷の問題について資料が極めて不足しているのは、このように本来禁じられている行為であったので、文献や証拠となるべき一次史料が残りにくかったこともある。

しかし、この勅令は現実的にはほとんど効果をあげなかった。一六〇三、一六〇五年にインドのゴアからポルトガルに送られた陳情書では、この勅令によっても事態は何ら改善されていないことが繰り返し指摘されている。岡本は、インドおよび各植民地当局者、航海司令官、そして何よりもポルトガル商人たちが全くこの勅令を無視した理由について、次のように述べている。もともと本国の発する法令は海外植民地や遠くアジアでは無視される傾向があり、またポルトガル商人は、自らの奴隷売買を守ろうとし、かつ奴隷使役者の反発を避けたのだと述べ、この日本人奴隷売買を看過した九州諸大名に対しても批判的な目を向けている。

続いて岡本は、イエズス会の日本人奴隷に対する姿勢について、一五九八年の奴隷貿易者破門決議書によって、その公的な立場をまず紹介している。この書面によれば、日本人奴隷を禁止すべき理由は布教の妨げになるからで、現状のように日本人が多数外国人の奴隷になるような事態が続き、イエズス会宣教師がそれを看過していては、既にキリシタンに改宗した者も、いまだ異教徒のままの日本人も、自分たち宣教師を憎悪するようになっても当然だと述べている。しかし、この点を岡本は次のように読み解く。

これらの言と一五七一年勅令の要旨に見れば、耶蘇會の奴隷禁止を欲する動機は、人道上の立場よりしたという外に、その布教上に支障を生ずるの点に多大の理由があった。それは、商人が商利を追ふ如く、植民地當局者がその住人の便宜を図る如く、宗教家が布教の利を主張したものと見られたに違ひない。（『十六世紀に於ける日本人奴隷問題』）

イエズス会の奴隷制禁止の本音が、このような「布教の利」に過ぎなかったからこそ、同次元で利益を求める植民地当局も奴隷商人も、彼らに従わなかったのだという岡本の論理は説得力を持つ。

同時に岡本は、当時のポルトガル商人の非道な行為をイエズス会の文書から引用する。ポルトガルの商人たちが「色白く美しき捕われの少女等を伴ひ、多年その妻の如くに船室に容れ妾として同棲したる破廉恥なる所業」を行い、日本人の人妻にまで手を付けて強奪した例や、少女らを騙して奴隷にして船に乗せようとしたため、抵抗して自殺した少女もいることなどを挙げている。ただ、ここでも岡本は公正な視点を失わず、戦国時代、日本の側にも人身売買や女性の被害などは同様に存在しており、だからこそ事実上、ポルトガル人の蛮行も容認されていたのではないかと付け加えている。

そして、重要なのは、先述した一五九八年の破門令議決書の記述である。

「前任者司教ドン・ペドロ猊下は、その始めに於ては久しき年月に経験せられし如く少年少女を購ひて日本国外に輸出するに際し彼等のためにその労務の契約に署名しまたは彼等のうちの或る者に署名せしめて認可を與へられたりと雖も、日本来任後この国の事情に通じ、この奴隷及びその労務年限より生ずる弊害を看取せられ、印度へ出発するに前だちて一の破門令を認められたり」(『十六世紀に於ける日本人奴隷問題』)

この文章を率直に読むならば、この破門令発行以前は、イエズス会がポルトガル商人の奴隷船に対し認可を与えていたことは明らかである。岡本は、次章で触れる豊臣秀吉の伴天連追放令が出る一五八七年の段階では、イエズス会は事実上奴隷制度を黙認しており、秀吉の厳しい政策によりこの破門令がだされたのではないかと推察している。

岡本は、一五七一年のポルトガル国王による日本人奴隷禁止の勅令を、イエズス会はポルトガル商人との妥協のために無視してきたのだが、豊臣秀吉が伴天連追放令の中で日本人奴隷の問題を取り上げて詰問してきたので、自分たちの立場と、ポルトガル商人の通商を同時に守るために、最も厳しい破門令をここで持ち出してきたのではないかと指摘する。

同時に岡本は、この破門令決議書に対し、インドのゴア市民が激しく反発し、日本人奴隷貿易の維持を求める反論文を国王に送っていることを指摘している。その内容は、将来はともかく現在保有している奴隷を自由にせよというのは、正当な契約によって得た財産を市民から奪うものだ、この契約は正義に従い、神の掟にも人間の法にも反しない、日本における布教の都合だけで勝手にこのような禁止令がだされるのは不当である、等々であり、現代の視点から見れば理解しがたいけれども、当時の植民地ゴアにおいてはごく自然な発想だった。そして、岡本が引用する次の指摘は、日本人奴隷が戦場にも動員させられていたことを示している。

「(印度)領国には彼ら日本人奴隷多数ありて、奴隷としてその主を守護するに充てらる。その故は、ポルトガル人の数は當島の最小の城塞を満たすにも足らざれば、一朝有事の際ポルトガル人一人にて鉄砲を携へしめたるこの若き奴隷五、六人を率うるとき、日本人甚だ好戦的なるを以てその値決して少なからざるなり」

「日本人奴隷はその労務年限の終りたる後解放せられて陛下の臣民となる。彼らは當領国内に多数に存在す。武勇なる民にして戦争に奉仕す。最近當市に於てオランダ人との戦に見られたる如く包囲戦または戦況緊迫なるときポルトガル人の一住人この(奴隷の)若者七、八人を率ゐ鉄砲と槍を以て現るるなり。蓋し印度に於てはこの(日本人)若者のみ軍役に従ふ奴隷たるなり」(『十六世紀に於ける日本人奴隷問題』)

ここには、日本人奴隷が軍事においても有能であり、奴隷貿易をやめることは植民地防衛のためにもマイナスであることがあからさまに述べられている。同時に、もしも日本人奴隷を全て解放した場合、彼らが敵に回ればその数的比率（一人のポルトガル人に対し五、六人）から見てもゴアは滅ぼされるであろうとも述べている。これについては、後述するルシオ・デ・ソウザの著書では、奴隷制を維持するために人数を誇張している可能性もあると指摘しているが、いずれにせよ、ゴアにおいて、日本人奴隷が兵士としても使われていたことは事実だろう。

岡本は結論として、日本人奴隷について以下の要因を指摘している。

第一に、諸大名間の戦争による捕虜が奴隷として売られることである。当時のヨーロッパでは、戦争における捕虜の殺害、もしくは奴隷化、そして売買は基本的に合法だった。これは日本での戦国時代、戦場における雑兵たちの略奪とまったく同様である。そして、岡本は、捕虜以上に次のような一般住民が奴隷化されたことを見逃さなかった。

「売られたる少年少女の大部分は誘惑せらるるか掠奪せられ、然る後適法の奴隷たるの名目もあらずして買はるるは経験によりて認められるところ、（中略）然れば、売却者にも、買収者にも、加担若しくは同意する者にも、その道義を汚す重大なる罪悪生ずるなり」（『十六世紀に於ける日本人奴隷問題』）

そして、イエズス会の側も巧妙な詭弁を弄している。奴隷として認められるのは「正しき戦争」によって生まれた捕虜のみだが、日本では謀略や軍事で領土を奪い合う戦争ばかりで、正当な戦争か否かは判断できないというのだ。もちろん、そもそもヨーロッパにおいてもそのような「正しき」「正しい戦争」の定義などは存在しなかった。また、ポルトガル人も日本人の戦争が「正しき」ものであるかないかなどは調べもしなかった。しかも、戦争捕虜よりもむしろ多かったのは、一般住民を掠奪、連行して、捕虜と偽りポルトガル人に売るケースだったのである。

第二に、刑死した罪人の家族、債権者が債務者の子供を担保として取った場合、また「夫と同棲するを欲せずなりし妻、父を見捨てる子、主人を省みざる下僕は領主の家に遁れ、そこにて奴隷となる」場合。これら三者のケースでは、奴隷売買の仲介者が、適当な名目を偽造してポルトガル人に売買している。

第三には、親が極度に貧困な場合に子供が売られること。これまでも述べたように、戦国乱世の時代は、田畑がしばしば蹂躙され人々が飢餓に苦しんだ。

第四には、自ら望んで海外に行くために身を売る人々である。彼らはしばしば、マカオなどで脱走した。「媽港(マカオ)に渡らんと欲するもポルトガル人旅客として上船を許さざらんことを懸念し、ポルトガル人の教唆によりて身を売る」者もいた。これら四つの理由を岡本は、当時の日本の貧窮な社会の実情、そして第四のケースのように、日本人の海外発展の一基因をも含むものとしている。

奴隷という言葉を聞けば、現代の私たちはそれを悲惨さと道徳的悪としてまずは受け止めるだろう。しかし、次のような言葉もまた当時のイエズス会士が記していることを見ておかねばなるまい。

「日本人は奴隷として有するものを遥かによく待遇し、いひ得べくんば、彼等をその子供の如くに見做す。平民はときどきその奴隷を養子として娘または親戚の者をそれに妻はす。奴隷の獲る凡ての物はその所有に帰し、その意志によりて自由にす。ポルトガル人は彼らを犬の如くに遇し（中略）凡ての苦労を蒙らしむ。こは霊界に於ても俗界に於ても極まるなき大なる罪なり」（『十六世紀に於ける日本人奴隷問題』）

岡本はポルトガルによる日本人奴隷の問題に取り組んだ先駆者であるとともに、一方的に日本を被害者としてみるのでもなく、また、ポルトガル側を悪とみなすのでもなく、当時の社会情勢の中でこの問題を冷静に分析した。岡本はその上で、豊臣秀吉の伴天連追放令の意義をも的確に指摘している。次章でこのことは明らかになるだろう。

全世界に広がった日本人奴隷

日本人奴隷の問題をさらに具体的に調査しているのがルシオ・デ・ソウザ／岡美穂子共著『大航海時代の日本人奴隷』（中央公論新社）である。同書冒頭には、日本人奴隷ガスパール・フェルナンデスの興味深い事例が掲載されている。

彼の日本人名はわからないが、一五七七年、豊後に生まれた。しかし、十歳ごろ誘拐されて長崎に連れ去られ、そこでポルトガル商人、そしてキリスト教に改宗したユダヤ人であるルイ・ペレスに売られた。ペレスがこの少年を購入した動機は不明だが、当時、子供を奴隷にする場合は、自分の実子の遊び相手や従者として、また、購買人の裕福さや寛大さ、良きキリスト教徒の証として購入することが多かったらしい。もしかしたら、改宗ユダヤ人だったペレスは、自らの信仰の証の意味合いもあってこの少年を求めたのかもしれない。

ここで重要なのは、「奴隷」と言っても、フェルナンデスは、日本で言う「年季奉公人」として売られていたことだ。ペレスの息子たちは、この日本人少年は十一ペソで売られたと後に証言し、またフェルナンデス自身は一ペソで売られたと言っている。おそらく売買人が十一ペソでこの少年を売り、本人には一ペソを渡したのだろう。この「契約」を合法化するために、ペレスは長崎のイエズス会が運営する聖パウロ教会を訪れ、教会の院長アントニオ・ロペスは、少年がペレスに十二年間奉公することを定めた証明書を発行した。さらにロペス院長は、この少年は違法に入手されたことも書き添えている。同日、少年は洗礼を受け、ガスパール・フェルナンデスという名を与えられた。

ペレスはこの少年を家族の一員のように扱ったとされ、残虐な虐待などは一切記録されていない。フェルナンデスは、ペレスの実の子供たちとも親しくなり、ポルトガル語、スペイン語も流ちょうに話せるようになった。

このルイ・ペレスも数奇な人生を送った人間である。彼は一五二〇年代後半、ポルトガルのユダヤ人の家庭に生まれた。一五七〇年代、ペレスは二人の子供を設け、その後ポルトガルからインドに移住する。

インド移住の理由はポルトガルにおける異端審問である。ペレスはキリスト教に改宗していたが、当時のポルトガルでは、改宗者の中に隠れてユダヤ教の宗教儀礼を行うものがおり、それが発覚すれば異端審問後財産没収、処刑されることすらあった。しかし、インドにも異端審問の手は及び、ペレスはマカオに、そしてさらに日本に逃れてゆく。

一五八八年、ペレスは長崎に到着した。

しかし日本においても、ペレスと他のポルトガル人との間は微妙な関係が続いた。熱心なカトリックからすれば、ペレスは今一つ信用できない改宗ユダヤ人である。ペレスとその息子たちも、お尋ね者であることが分かれば逮捕されかねないため、様々な名前を使い分けていた。だが、富裕な商人でもあったペレスの生活態度は、あえて言えば多くのポルトガル人よりもはるかにキリスト教道徳に沿ったものでもあった。彼は日本人奴隷のほかに、ジャワ人二人、カンボジア人一人の奴隷を持っていたが、彼らを虐待するようなことは一切なかった。また、遊女を侍らせたり妾を囲うこともなく（なぜか妻は日本に連れて行かなかった）、日本人に対しても敬意を払っていた。

ルシオ氏の著作によれば、ユダヤ人であることが日本人キリシタンの間でも批判的に見られていたという。キリシタンの肉食を禁ずる四旬節（キリストの復活祭の四十六日前の水曜日から復活祭の前日までの期間）に、ペレス一家が平然と肉食をしていることに驚いた日本人信者は、そのことをイエズス会士に訴えたほどである。しかし、ペレスはこのころ健康を害しており、神父からも栄養を取るよう肉食を許可されていたのだ。ユダヤ人の何たるかも知らない当時の日本人が、ペレス一家をユダヤ人と呼びからかったという記述すら残されており、ある種の反ユダヤ主義がすでにこの時点で日本にも生まれていたことに驚かされる。

一五九一年、日本にも異端審問の逮捕の手が伸びることを知ったペレス一家は、今度はマニラに逃亡した。まさに「さまよえるユダヤ人」というべき悲劇と遍歴である。ここで、二人の日本人奴隷と一人の朝鮮人奴隷を購入しており、日本人奴隷の名はミゲル・ジェロニモとヴェントゥーラであったが、彼らについてもそれ以上の情報は乏しい。しばらくは平穏な日々が続き、ペレスの長男は貿易商売の拡大のためメキシコに旅立った。

しかし、一五九六年、ついに周囲の告発によってペレス一家は逮捕された。彼がユダヤ人の習慣に従った日常生活を送っていたか否かについて、日本人奴隷ガスパール・フェルナンデス、および朝鮮人、ベンガル人奴隷からの聞き取りがなされた。日本人および朝鮮人の奴隷は、何の悪意もなく、主人がユダヤ人の習慣として豚肉を食べなかったことや、家では十字架やキリストの像は置いていなかったことなどをそのまま証言、ペレスは有罪となり全財産を没収されることになった。翌九七年、ペレス、そして日本人奴隷三人とベンガル人奴隷一人を乗せた船がアカプルコに向け旅立つが、船上でペレスは病で亡くなり、彼の遺体は海中に遺棄された。自らの信仰を守ろうとした一人のユダヤ人の最期だった。

その後の、朝鮮人奴隷の消息は分からないが、日本人奴隷三人、フェルナンデス、ジェロニモ、ヴェントゥーラは期限付きの「契約奉公人」であったのに、ペレスの「財産」が処分される際、すべて「終身奴隷」とされてしまい、そのように「財産目録」に書き込まれた。このような改竄（かいざん）がなされたのは、その方が高く売れるからだと著者ルシオは推定している。

しかし、その後メキシコ・シティにて、彼らが長崎時代の旧知の日本人奴隷、トメ・バルデスに偶然会うことができたことが、フェルナンデスらにとっては救いとなった。不当にも終身奴隷にされていることがメキシコの異端審問所に伝えられ、メキシコに住んでいたペレスの息子、アントニオ・ロドリゲスも証人として登壇、フェルナンデスは定められた年数を奉公すればその後自由民になれる契約だったことを証言した。三人の日本人奴隷のうち、フェルナンデスとヴァントゥーラは、一六〇四年、自由の身となった。ジェロニモについては記録が残されていない。ルシオは、二人の日本人は、おそらく故郷を遠く離れたメキシコかいずれかの地で、自由民として生涯を終えたであろうと記している。

この数奇な日本人奴隷の生涯には、当時の奴隷をめぐる様々な状況が集約されている。奴隷たちは自らの日本名をほぼ失い、キリシタンとしての洗礼名や、主人の家名で呼ばれていたことだ。一方、洗礼を授けるのがイエズス会である以上、いかに強弁しても、イエズス会がこの奴隷制度に全く関係していなかったとみなすことはできないだろう。そして、ペレスとその息子たちが、日本人奴隷を見捨てることなく、最後には裁判の場で彼らを自由にするための証言を自らの危険を顧みず行った勇気は、この一家の人間性の証だろう。

著者はこの時代のヨーロッパ人の意識についてこう述べている。

ヨーロッパ人は、「未開の地」と見なす故国以外の土地では、宗教的道徳心に基づく合法的な取引を守る必要はないと考える傾向にあった。商人たちは異人種が自由を失う理由などは、まったく意に介さなかった。多くの商人は、たとえ自分の目の前にいる「奴隷」が、非合法的にその身分となったり、強制的に連行されたという事実を知っても、彼らがその商売を諦めることはなかった。商人たちは、自分たちが奴隷を購入しなければ、捕獲者たちは捕獲行為が明るみに出ないよう、殺してしまうだろう（だから購入は宗教的道徳心に基づいた行為である）と主張した。結局のところ、奴隷たちはキリスト教徒の商人の所有物となった時点で、洗礼（ヨーロッパ人にとっては「人間化」を意味した）を授けられるという事実により、彼らの言い訳は正当化されるのであった。（『大航海時代の日本人奴隷』）

そして日本人奴隷が、マカオ、フィリピン、インドのゴア、そして中南米のメキシコやアルゼンチン、本国ポルトガル、スペインに至る世界中に散って行ったことを、同書は一次史料に基づいて紹介している。マカオでは、日本人奴隷は主として港湾労働者や下級船員に従事し、また家事労働にも携わった。特に港湾労働の現場では、奴隷は単に悲惨な搾取を受けただけではなく、労働意欲を高めるために賃金も支払われ、それによって早期に自由民となるものもいた。

兵士・傭兵となった者もいたことは、先述したインドのゴアにおける文書にも明らかである。フィリピンでは、一五九六並びに九八年、日本人傭兵のグループがカンボジア遠征に参加している。しかし、同時に日本人奴隷は恐れられる存在でもあり、普段は帯刀は禁じられていた。主人が没し、自由の身となった日本人奴隷の中には、解放後犯罪に手を染めたり、また強盗集団に堕するものもいた。女性の場合は売春である。高齢や、病気で働くことのできなくなった奴隷には、自死や捨てられての孤独死などの事態も生じている。

日本人奴隷をめぐる研究はまだ十分とは言えず、その全体像は資料不足もあり明らかにされていない。岡本良知の論文は先駆的なだけではなく、総合的にこの問題をとらえようとした優れた業績である。ルシオの著作は、さらにこの問題を個別な事案について具体的に追及し、イエズス会の関与をより積極的なものと見なしている。

奴隷制度を正当化していた論理の一つは、たとえ奴隷ではあっても、彼らに洗礼を施すことにより、日本人はキリシタンという「文明人」になるのだというものである。この先例にイエズス会がかかわっていた以上、「イエズス会の宣教師は、奴隷として売買される人々の存在を知っていたし、その取引が正当化されるプロセスにも関与していたと言わねばならない」（ルシオ）。

イエズス会が完全に奴隷制度に介入するのをやめるのは、岡本、ルシオのいずれもが、一五九八年以後のことであると結論付けている。

さらにルシオは、豊臣秀吉がこのことを見抜いていたことを記して著書を閉じている。秀吉の「伴天連追放令」における日本人売買への指弾は、以下のようである。

すなわち秀吉が、日本人が海外に売却されている現実を、イエズス会の問題でもあると認識していたことを示すものに他ならない。（中略）イエズス会は奴隷売買のプロセスにおいて、紛れもなく一機能を担っており、それを秀吉は見逃していなかったのである。（『大航海時代の日本人奴隷』）

次章ではこの視点から、豊臣秀吉とキリシタンの関係について、そして「伴天連追放令」で秀吉が行おうとしたことを見ていきたい。

第八章　豊臣秀吉の伴天連追放令

豊臣秀吉の平和構築

豊臣秀吉の天下統一と、それがもたらした「平和」の意義を、最も総合的に論じた史家は藤木久志である。『豊臣平和令と戦国社会』（東京大学出版会）をはじめとする一連の著作は、秀吉が戦国乱世の「自力更生」の価値観をどう否定し、新たな秩序をもたらそうと試みたことを詳細に伝えている。そのことを紹介するのは本書のテーマではないが、最低限、以下のことに触れておきたい。

戦国乱世における各大名の争乱は「国郡境目相論」と呼ばれ、簡単に言えば領土紛争の性格を持っていた。最終的には大名間で「国分協定」によって領土を協定したのだが、基本的に大名の領有権は「手柄次第」「自力次第」であり、協定によって得た領土に実質的な領有権、支配権を確立し得るか否かは、当事者の自力、実力に委ねられる。これは大名のみならず、村同士の様々な争いでも同様の、戦国時代における自力救済主義、当事者主義の原則である。基本的に、国分協定を守るのは大名の実力支配によるしかなく、常に不安定なものだった。これに対する豊臣秀吉の政策を、藤木は次のようにまとめている。


戦国の終りに現われた豊臣政権の天下一統の政策は、中世をつらぬく自力原則とそれに根ざす戦国大名の交戦権を否定し、戦争の原因たる領土紛争は豊臣の裁判権によって平和的に解決することを基調（惣無事令）として進められた。

豊臣政権の行なった大名領土の確定と紛争の裁定もまた国分と呼ばれた。（『豊臣平和令と戦国社会』）

戦国大名の紛争を「自力」の原則に任せていては、永遠に戦乱は終わらない。しかし、この領土争いを天下の裁判という中立かつ上位の機関により、平和的に決着をつけるシステムを作れば、平和は維持しうる。その裁判権は豊臣政権が責任をもって「天下」という公の名のもとに行う、これが秀吉の目指した最終的な「国分」領土紛争の最終的決着である。

秀吉はこの「国分」によって、各大名の領域の固定を図り、国分を確定し、その裁定には命令に等しい拘束力を持たせ、従わぬ者、破ろうとする者には、平和侵害の罪として「成敗」「討伐」の対象とした。また、領土紛争の裁定を決定する際には、当事者の自力による武力や干渉を排し、職権的な強制執行の体制を取った。戦国大名たちはこうして、豊臣政権の体制下に組み込まれていった。

実はこの「秀吉の平和構築」が典型的に表れた事例の一つが、キリシタン大名のいた九州地方の平定である。一五八五年七月、豊臣秀吉は関白となり、この年の十月には、九州で戦っていた大友氏と島津氏双方に「国境境目の紛争は自分が裁く、双方戦闘をやめよ」と命じた。これは単に秀吉の命令ではなく、天皇の意向、すなわち叡慮であるとも伝えていた。

この呼びかけに応じて、大友氏は大名の大友宗麟自らが大坂に登り、島津家は家臣・鎌田政弘を送った。秀吉は彼等に「九州国分」という裁定案を伝えた。しかし、その内容は、島津家が現在制圧している大友氏の領土をほぼ全面的に返還することをはじめ、実際には九州第一の勢力となっている島津家の領土を大幅に削ぐものであった。大友側はこの裁定案を直ちに受け入れたが、島津側は無論これを拒否した。一五八七年、秀吉は裁定の強制執行に乗り出し、これを「九州征伐」と呼ぶ。

藤木久志は、この流れに「停戦指令→停戦受諾→領土裁定」という、豊臣政権の基本路線が現れているとする。国分裁定と同時に秀吉は軍事動員を行っているが、これは最初から島津征伐を予定していたというよりも、むしろ新たな国分実現のための「強制執行」に近いものであった。

そして、確かにこの裁定における島津氏への処遇は厳しかった。自ら獲得した領土を奪われることへの拒否感は当然のことだろうが、同時に、当時は島津氏の軍事的絶頂期であり、九州において、対馬、筑前、豊後の一部を除く全域に支配を広げようとしていた。このような「一強体制」を危険なものと秀吉は考え、九州における各大名の勢力均衡を図ろうとしたのではないか。

藤木が伝える島津側の資料によれば、肥後半国、豊前半国、筑後が島津領から大友領に編入、肥前一国は毛利氏の領土、筑前は秀吉の領土とし、残りの肥後・豊前半国と日向・大隅・薩摩は島津領土とする、というのがこの国分の内容だった。藤木はこの裁定の一つの基準を「本領安堵」に見る。島津は薩摩、大友は豊後の本領をまず保証され、同時にそれぞれが最も早い時期から勢力下に置いていた日向、筑後を領土として認め、肥後、豊後をそれぞれ半国と分割したのも、係争地の公平な分割とみなされる。

筑前を秀吉の領地としたのは、今後の朝鮮出兵と不可分のものであり、また毛利家にも領地を与えたのは、毛利元就時代には毛利氏が筑前に軍を進め、かつての支配者・龍造寺氏とも盟友関係にあったことなどを考慮した結果だと藤木は指摘する。いずれも豊臣政権にとっては理のある裁定であり、これを大友が受け入れ、島津が拒否した以上、放置しておけば再び紛争が勃発するか、もしくは全国の平和体制自体が成立しなくなる。その意味で、国の命令に従わぬ島津は「征伐」の対象となる「逆徒」とみなされたのだ。

戦国乱世の自力救済、当事者原則の立場に立てば島津からすれば、これは戦場で血を流して得た領土の強奪であり、自力で領土を守れなかった大友氏に対する不当な優遇である。しかし、それは秀吉の考える平和体制にとっては、認められぬ戦国の論理だったのだ。九州征伐はその意味で、乱世を終わらせる秀吉の象徴的な遠征となった。

この「自力原則」の否定は、大名だけではなく、各村々の紛争に於いても貫かれた。有名な刀狩り令も、この視点から見るべきものだろう。戦国の村人たちが、戦上では「雑兵」として、掠奪に明け暮れたことも、秀吉の平和構築のためにはなくさなければならなかった。

秀吉が打ち出した政策は次のようなものである。著名な「刀狩り」はもちろんであるが、ここでは、その刀狩りと密接にかかわる法令として、浪人停止令（ちょうじれい）、海賊停止令、そして喧嘩停止令についてて簡単にみていきたい。

一、浪人停止令

一五九〇年、天下統一をなしとげた秀吉は、その年の十二月には「浪人停止、あい払わるべき事」と発令する。ここでの「浪人」とは、主君を失いさまよう江戸時代の浪人とは異なる。

この停止令で秀吉のいう浪人とは、「主をも持たず、田畠作らざる侍ども」を指していた。村に住んで、おれはサムライだといいながら、じつは、きまった武家奉公先も、特定の主人もなく、村でまじめに田畠を耕すでもない。そんな半端な雑兵百姓たちには、「浪人」の烙印をおして、村から追い出せ、というのであった。(藤木久志『刀狩り』岩波新書)

戦国時代の農民は、農閑期には生きるために戦場に赴き「掠奪」する雑兵となった。大名に武家奉公先として雇われ、戦場に赴いた農民はともかく、主人を持たず、村での耕作にも従事しようとせず、戦場での掠奪のみを求める浪人たちは、平和な時代には不要の存在であった。同時に、村々が武装し、お互いに土地や水源を巡って争い、勝者に権利が認められるような乱世を終わらせ、平和な秩序をもたらして生産性を向上させることも、この浪人停止令の目的であったろう。

二、海賊停止令

一五八八年、刀狩りと同時に出されたこの法令は「海の平和令」「海の刀狩り」と言われ、諸国の船頭、漁師など、海で生活するものを全面的に調査し、各大名は、彼等から今後決して海賊行為を行わないという誓約書を取ることを命じたものだった。戦国時代、海賊船は平然と「通行税」を航海中の船から取り立てており（フロイスの『日本史』にも、宣教師を乗せた船が襲撃される模様がしばしば出てくる）、これを禁じ、「海の平和」を取り戻すことは、民衆に航海の自由と平和を保障することだった。

そして、秀吉は長崎に於いて、ポルトガルや明との貿易を前提に、次のような姿勢を取っていた。

三、喧嘩停止令

日本の海民たちが武器を用いて「喧嘩・刃傷」をすれば、喧嘩両成敗で処刑する。しかし、「南蛮船・唐船」のばあいは、裁判で理非を決める。日本人との争いは、日本側に五分の理があっても、日本人の方を処罰する、としていた。（『刀狩り』）

秀吉は倭寇を含む海賊を徹底的に取り締まるとともに、貿易のためには多少日本側に不利な条件をつけてでも、ポルトガル船や明の船を呼び込もうとしていたのだ。この姿勢は、後の伴天連追放の際にも見られている。

藤木久志は、秀吉が「村の平和」を実現するために、それまで村同士が水源地を巡って衝突することを全面的に禁じる「天下ことごとく喧嘩御停止」の法を発し、それに逆らうものに厳しい処罰を加えたことを、いくつかの実例をもって証明している。

例えば一五九二年、日照りの夏、摂津の二つの村の間で、用水路を奪い合う争いが起きた。それぞれの村はまた近隣の村に援軍を求め、武装した村同士の衝突により死傷者が出た。これは戦国時代には当然のことで、このような場合も、用水は勝利した村の側に属する「自力」の論理がまかり通っていた。

しかし、秀吉はこれを許さなかった。関係したすべての村から代表が京都に呼び出され、多くの責任者が処刑された。同時に、秀吉は用水の問題解決のために使者を送って実地検分を行い、両村の言い分を聞いたうえで裁定、用水権を図面に残し、争いを今後起こさぬよう定めた。武力による奪い合いは厳しく処罰され、同時に、公的機関は裁定という形で問題を解決するという、豊臣政権の基本姿勢は、大名から民衆に至るまで貫かれたのである。

このような「平和構築」と、豊臣秀吉のキリシタンに対する態度、特に伴天連追放令には密接な関係がある。この政策を前提とした上で、豊臣秀吉とキリシタンの関係を見ていくことにする。

仏教寺院への破壊をやめぬイエズス会の布教活動

豊臣秀吉とイエズス会宣教師たちとの関係は、当初は大変良好のうちに進んだ。本能寺の変により信長を討った明智光秀は、中国地方から押し返してきた豊臣秀吉の軍に山崎の合戦で敗れ去るが、秀吉配下のキリシタン大名、高山右近はその戦いで武勲を立て、高槻の領地はそのままキリシタンの土地として維持された。そして、秀吉が大坂城の建設に入ると、右近は当時岡山にあった教会堂を大坂に移すことを計画する（岡山を支配していたキリシタン大名結城ジョアンは国替えになっており、そのまま放置すれば教会堂の存続は難しかった）。

一五八三年、イエズス会士オルガンティーノは大坂城を訪問、秀吉に歓待され、教会堂建設も認められた。フロイスは、大坂城内の女官にも多くのキリシタンがいたことを伝えている。そして、高山右近は、この時点では秀吉に深く信頼されており、彼の導きで多くの武将がキリシタンに改宗した。

ここで特筆すべきなのは、一五八四年に、著名な医師・曲直瀬（まなせ）道三が改宗したことである。正親町（おおぎまち）天皇、毛利元就、織田信長を診察した経験を持ち、知識人としても一流だった道三は、司祭ベルショール・デ・フィゲレドが病に堕ちた時に治療にあたり、その後交流が深まるとともにキリシタンの教えに共感するようになった。道三の改宗は、キリシタン教団の社会的信用を高める上では、一万人の改宗と同じほどの効果があったと言われる。

しかし、重要なのは、改宗した道三が、日本におけるキリシタン布教に対し述べた正当な問題提起だった。天皇は道三の改宗を知ると、直ちに使者を送り、キリシタンの信仰は、日本の神々の敵であり、神々を悪魔呼ばわりする教えである、朝廷に信の篤い道三にはふさわしくないと伝えた。これに対し、道三はまず、「自分はつい先ごろ改宗したばかりなので、デウスの教えを説く者が日本の神々を悪魔呼ばわりしているかどうかに詳しい知識はありませぬ。しかし、伴天連方は、日本の神々とは、はるか昔の皇族や貴族であり、悪魔ではないことを熟知しているはずです。キリシタンとは、徳を説き、すべてにおいて公正なことを教えるものであるはずですから」と答えた。その上で、修道士たちに、日本におけるキリシタン布教の問題点をはっきりと通達したのだ。

もしや今までに日本の神々をそのように悪魔と呼んでいたならば、今後、それらに関して基本的な教理を説くに当たっては、天皇ならびに日本の貴族に対する尊敬の念から、そのような呼び方をせぬ方がよいであろう。キリシタンたちに対して、天皇や異教徒の貴人が怒りを発しないようにするためである。それよりも御身らは日本の神々について語るときには、それらは死すべき人間と同等のものであると言い、その力や功徳は人間を救い得ず、また現世のことに対しても何ら利用するところはないものだと説明するがよい。しかもそう言うことによって異教徒たちが衝撃を受けないようにするため、控えめな言葉をもってするように。（『完訳フロイス日本史３』）

最低限、この道三の正当な批判が布教の際考慮されていれば、その後の日本におけるキリシタン布教の歴史は変わったかもしれない。しかし、残念ながらそのような方向には進まなかった。これは道三改宗の二年前のことだが、有馬晴信の加津佐の領地の沖合にある小島の洞窟に、たくさんの仏像が置かれ、礼拝の対象になっていた。そのことをフロイスはこう語る。

「悪魔は何年も前から、この恐ろしくぞっとするような場所を、おのれを礼拝させるための格好の場として占有していた」

ヴァリニャーノが遣欧使節と共に旅立った後、日本におけるイエズス会を統括する副管区長であったガスパル・コエリョ司祭は、修道士らを連れて島に渡り、洞窟内の仏像を引きずり出し、大きくて運び出せなかったものはその場で火をかけた。いまだ改宗していない島の人々はその事を悲しんだが、フロイスは何ら同情を示していない。そして、キリスト教を学んでいる少年たちは、仏像に唾を吐き、破壊して、「炊事用の薪」にしてしまった（フロイス『日本史』第十巻）。さらにフロイスが、有馬の神学校における少年たちについて述べている言葉を読むとき、私たちは独善的な信仰がどのように恐ろしい発想をもたらすかを考えずにはおれない。

この少年たちの大半ないしほとんど全員が、身分の高い子弟であった。彼らは修練期を終えた修道士のように、清浄で、おのれに沈潜し、清潔と正直を愛し、温和で家庭的であり、彼らを指導する人々の負担となったり重荷となるようなことはなかった。

（『完訳フロイス日本史10』）

さらにフロイスは、子供たちの向学心と上達ぶりを愛情をこめて記している。しかし、ここで少年たちが行った行為は、二十世紀における中国の文化大革命時代の紅衛兵とさして変わらない。新しい価値観を徹底的に詰め込まれ、それ以前の文化伝統を全否定し、しかも破壊することを正しいことだと教えるとしたら、それは洗脳そのものである。渡辺京二は『バテレンの世紀』で、このフロイスの態度を次のように述べている。

布教しようと思う国へ出かけて、その国伝来の神を悪魔と呼ぶのがどんな行為であるか。それは当時日本の仏僧がヨーロッパへ布教して、公然とキリストを悪魔と呼んだらどんな騒ぎになったか、想像してみただけでもわかる。ヨーロッパの世俗権力は必ずや彼らをひっ捕えて火刑に処したであろう。他国へはいりこんで、その国の寺院や神様を悪魔と呼んで破却しようというのは、その国の文明をよほど蒙味なものと見下げていなければできぬことだ。（『バテレンの世紀』）

渡辺の正当な指摘を逆に読み替えれば、当時の有馬領のようなキリシタン大名の領地は、ある意味日本における外国、全く違う価値観が支配する宗教国家の一面を有していた。戦国乱世の時代ならともかく、全土を共通の法律で管理し、平和を構築しようとする秀吉にとって、キリシタンとはいつか対決しなければならぬ存在だったのである。

伴天連追放令に指摘されるキリシタン批判

一五八六年五月、コエリョ司祭は再び大坂城の秀吉を訪問する。この際も、フロイスの日本史を読む限りでは、彼らは秀吉から大変歓待された。しかも、秀吉はこの席上で、今後は朝鮮・明国を征服することを語り、ポルトガルにも二隻の大型船の提供を求めたとされる。そして、秀吉はコエリョに布教の認可書も与えた。秀吉としては、朝鮮遠征のために必要な大型船を購入するためにも、また、南蛮貿易による戦費獲得のためにも、少なくともこの時点でもまだキリシタンとの友好関係を保っていた。

突如として事態が変わるのが、一五八七年、秀吉自ら軍を率いて九州征伐の遠征に向かった年のことである。秀吉軍に敗れた島津は降伏し、秀吉は九州における「国分」の裁定を実施する。この時期、大友宗麟と大村純忠がそれぞれ世を去った。彼らが伴天連追放令を知らずに亡くなったのは、ある意味幸福な神の加護だったのかもしれない。

秀吉はこの遠征の勝利の後、九州箱崎に陣を構えていた同年六月一八日(新暦では七月)、突然、宣教師の退去を命ずる「覚」という文書が発布される。ここでは現代文にして要約紹介する。

『天正十五年六月十八日付覚』

個々人がキリスト教(伴天連の教え)を信仰すること自体は否定しない。

ただし、キリシタン大名が、家臣や領地に住む住民に信仰を強制することは道理が通らない。

大名がその領地を治めるのはあくまで一時的なことで、交代することもありうるが（国替えなど）、住民（百姓）はその地に住み続けるのだから、大名がその意のままに住民に自分の意志を押し付けるべきではない。

庶民の信仰にはその義務はないが、領地を持ち、社会的にも地位を持つ大名の場合は、キリスト教に改宗する場合は公的にその旨を報告しなくてはならない。

かつて一向宗が、寺社で領地を持ち、大名に年貢を納めることもなく、また加賀では大名を追放し、さらに隣国にも攻め込もうとしたことは、天下の平和を乱すことになった。大名が家臣にキリスト教信仰を強制するようなことは、かつての一向宗以上にあってはならないことであり、今後は大名はその家臣に信仰を強制してはならない。そのような行為は処罰する。

中国、朝鮮、南蛮に日本人の人身売買を行っていることは許しがたいことであり、今後人身売買は禁止する。

ポルトガル人が、牛馬を殺して食べることは、これもまた許しがたいことである。

（文責：筆者）

以上の「覚」とともに、同日夜、秀吉はキリシタン大名・高山右近に棄教を迫り、拒否した右近は領地を失い追放を宣告される。さらに、同じく小西行長らが、夜半、コエリョに秀吉からの三つの詰問状を届け、返答を迫られていることを伝えてきた。

その内容は、第一に、汝らはなぜ仏僧のように決まった寺院で法を説くのではなく、各地に赴いて、扇動して信徒を増やそうとするのか。今後は九州を出ることなく、仏僧のような静かな布教に努めよ。第二に、なぜ日本では耕作用の家畜として大切な牛馬を殺して食べるのか、それは許されないことである。第三に、ポルトガル人が多数の日本人奴隷を海外に連行していることは許せない、彼らを日本に戻すか、それができないならせめて現在日本でポルトガル人が奴隷として購入した日本人を解放せよ。おおむねこの三点であった。表現の違いはあっても「覚」と重なる内容であろう。

これに対し、コエリョはこう答えている。

第一に関しては、自分たちは外国人であり、その教えも言葉も新奇なものだから、布教をしようと思えば、自分たちから諸国に出ていき、教えを聞かせようとしなければならない。しかし、信仰を強制したことはなく、日本人は私たちの説くことを理性的に受け入れ、自発的に自分たちの偶像（神仏像）を破棄したのである。

第二は、既に司祭たちは日本食になじんでいて肉食は控えている。商人たちにも、日本の事情や食習慣はよく説明するようにする。ただ、日本人の方から肉をポルトガル人に売りに来る者もいるので、絶対の保証はできない。

第三には、この奴隷売買は自分たちも反対であり、廃絶せねばならぬと考え、そう訴えてもきた。しかし、肝心なことは、日本側にもこのような売買に関わっている有力者がいることであり、まず日本人の側がそれを禁止するべきだ。

まず、ここでのコエリョの返答について述べておくと、少なくとも第一については事実とはかけ離れたものであることは、これまでのフロイスら宣教師自身の言葉によっても明らかであろう。

日本人が自発的、理性的に入信し、かつ寺院や仏像の破壊も、イエズス会士たちが命じたものではなく日本人信者が自発的に行ったというのは、イエズス会の基本的な布教方針が、まず大名など高位の権力者を入信させ、上からのキリシタン化を進める点からも詭弁である。大友家、大村家、有馬家、いずれも大名がまず改宗し、その後、領内の徹底的なキリスト教化がすすめられ、寺社仏閣が破壊されていった。これまでフロイス自身の記録によってもわかるように、宣教師は、率先してその破壊を扇動し実行している。

第三の奴隷売買についても、前章で触れたようにイエズス会自身が、ポルトガル王の勅令を知りつつ、ある時期までは何らかの関与をしていた。また、有馬氏の場合は、日本人の少年少女を、宣教師ジョアン・ツズ・ロドリゲスを通じて、ゴアのインド総督宛に奴隷として進呈している。

しかし、これまで友好的だった秀吉が態度を急変、友好から追放に代わった理由が何なのかは、今でも充分納得できる結論は出ていない。

そして翌日、さらに決定的な「伴天連追放令」が発布され、コエリョたちに伝達されるとともに、その正本は、ポルトガル国王の権限を代行する立場にあるカピタン・モールのドミンゴス・モンテイロに託された。正式なポルトガルへの通達である。

伴天連追放令

定
一、日本ハ神國たる處、きりしたん國より邪法を授候儀、太以不可然候事。
一、其國郡之者を近附、門徒になし、神社佛閣を打破らせ、前代未聞候。國郡在所知行等給人に被下候儀者、當座之事候。天下よりの御法度を相守諸事可得其意處、下々として猥義曲事事。
一、伴天連其智恵之法を以、心さし次第ニ檀那を持候と被思召候へバ、如右日域之佛法を相破事前事候條、伴天連儀日本之地ニハおかせられ間敷候間、今日より廿日之間ニ用意仕可歸國候。其中に下々伴天連儀に不謂族申懸もの在之ハ、曲事たるへき事。

一、黒船之儀ハ商買之事候間、各別に候之條、年月を經諸事賣買いたすへき事。

一、自今以後佛法のさまたけを不成輩ハ、商人之儀ハ不及申、いつれにてもきりしたん國より往還くるしからす候條、可成其意事。

已上

天正十五年六月十九日　　朱印

本文も現代文にしかつ要約紹介する。

日本は神国であり、キリシタン国からの邪法を布教してはならない。

大名が領国内で、キリシタン門徒に寺社を破壊させるようなことはあってはならない。大名はその領地を一時的に預かっているのであり、天下の法律に従わねばならない。

伴天連（宣教師）たちが、信者を自発的に帰依させるのではなく、仏教寺院を攻撃し破壊することで信者を増やそうとしているのは許されないことであり、二十日以内に伴天連は日本を出ていくべきだ。

ポルトガルの貿易船は貿易が目的なのだから、今後も今のまま貿易を続けてよいし、日本の仏法、国法を妨げるのでなければ、商人でなくとも、日本に来ることはかまわない。（文責：筆者）

この伴天連追放令に於いては、冒頭で、キリシタンを「邪法」と明記しており、先の覚書よりも強い調子で信仰を否定しているかに見える。

しかし、最初の「神国」について述べられた部分を除けば、この追放令で批判されているのも、寺社の破壊行為や信仰の強制である。逆に言えば、そのような「国法」に触れる行為をせず、「仏法」を尊重する限りでは、日本に来ることもかまわないのだ。ポルトガルとの貿易は維持しようとする姿勢は貫かれているのだ。そして、この追放令では、「覚」にあった、ポルトガル人が牛馬の肉を食べることや、日本人奴隷売買については取り上げられていない。

この「覚」と「追放令」がなぜ出されたのかについて、歴史家の岩沢愿彦（よしひこ）は、伊勢神宮の内訴がなされたことに原因を見出している。神宮文庫に所蔵される「天正拾年同拾五年引付」に「伴天連御成敗の事、神慮大感応たるべき旨なり。それにつき御礼の連署を捧ぐ」という文面があることを岩沢は指摘し「御礼」という単語から、伊勢神宮が秀吉に伴天連追放を求めていたことを類推している。

史家・神田千里もこの指摘に注目する。キリシタン大名が治めた肥前の大村氏領土と有馬氏領土は、いずれも伊勢信仰が盛んであり、大村純忠は受洗後も伊勢神宮の御師（伊勢神宮への参詣を望む檀家に、お参り、宿泊、祈祷などの便宜を図る者）と交流を持っていた。有馬氏も同様で、家中を含め、伊勢信仰の極めて盛んな地域であり、島原半島の海岸線には、伊勢御師の檀那が分布していた。ここは、キリシタンと伊勢信仰とが全面的に対決する場所でもあったのだ。キリシタンの他宗教への過酷さ、破壊行為は彼らを通じて伊勢神宮に伝わっただろう。

さらに、キリシタン大名・蒲生氏郷が伊勢半国の領主になった際、フロイスは次のように書いている。

「ここは天照大神の寺院があり、当初の彼（蒲生氏郷）の領地より、はるかに大きい」「我らの主が、この貴人の改宗においてとられた手段を見れば、主が彼に天照大神を破壊する力と恩寵を与えるであろうと、我らは期待している」（一五八五年八月二十七日書簡）

イエズス会内部の書類を読むことはなくとも、このような意思をイエズス会側が抱いている危険性は伊勢神宮も充分承知していたはずである。この聖地を秀吉がキリシタン大名に与えたことへの危機感をも含めて、神宮側が秀吉に何らかの伴天連への取り締まり、もしくは追放を求めていたことは充分考えられることだろう（神田千里の論文「伴天連追放令に関する一考察」参照。前述フロイス書簡もこの論文による）。この点は、私の知る限り岩沢と神田以外の史家があまり強調していないように思えるが、説得力のある説として紹介しておく。しかし、フロイスは「天照大神を破壊する」と書くときに、果たしてこの言葉の意味をよく理解していたのだろうか。

もちろん伊勢神宮の要請は、要因の一つではあっても伴天連追放令のすべての原因ではない。まず、秀吉がここで行っているキリシタン批判は、かなり正当なものであることを見ておく必要がある。先に挙げたコエリョへの三つの詰問はそれを端的に表しているが、宣教師が扇動した形での寺社への破壊行為、日本の伝統宗教の否定、キリシタン大名領地における上からの信仰の押し付けなどは、すべてキリシタンが実際に行っていたことである。

殊に大名による信仰の強制を「大名がその領地を治めるのはあくまで一時的なことで、交代することもありうるが（国替えなど）、住民（百姓）はその地に住み続けるのだから、大名がその意のままに住民に自分の意志を押し付けるべきではない」という視点から批判するのは見事というほかない。ここには、政治権力者は一時的に民衆を支配することはできるが、その内面の自由を奪ってはならないという近代的な感覚すら感じさせる。

本章冒頭で述べた「秀吉の平和構築」の視点からも、伴天連追放令は必要だったはずだ。秀吉の平和は、何よりも、戦国時代の自力救済の論理を否定し、大名間のみならず、民衆同士の紛争も、中央政府の裁定によって解決することを目指していた。その中には、宗教間の対立も含まれていたはずだ。織田信長が安土宗論にて、法華宗に対し、他宗教を非難するのをやめるよう命じたように、秀吉もまた、宗教間の紛争を許すつもりはなかった。それなのに、キリシタン大名の統治下で、大名権力と結託する形で、日本の他の地域では許されないような特定の宗教による他宗教への弾圧が行われていたのだ。村にとっては命がけの問題だった用水をめぐる争いも、主導者の処刑という形で罰しなければならなかった、秀吉の厳しい「平和原則」の中、キリシタンの独善的な行動は許してはならぬものだったのである。

もう一つ、日本人の奴隷売買の問題がある。前章で紹介した岡本良知は、南蛮貿易を重視していた秀吉は、長崎の現場で日本人奴隷が売買される有様を知り、同情よりも民族的な屈辱感を抱いたのではないかと推測する。確かに、この伴天連追放令でも、秀吉は貿易の必要性は認めており、むしろ今後も継続し行くことを強調している。だからこそ、日本人奴隷の売買が貿易の一部として公然と行われ、日本人が「輸出」されていることへの衝撃はあったはずだ。

雑兵たちが戦場で住民をも戦利品として連れ去り、売り飛ばす風景は、戦国乱世の象徴であった。この根本にあるのは、戦乱と掠奪による村の貧困化であり、それによる農民の「雑兵化」であることはすでに述べた。そして、このような戦乱を無くし、村の秩序を平和なものにするために、秀吉は刀狩りに始まり、浪人禁止令、喧嘩禁止令など様々な制度を作ってきた。日本人奴隷の姿は、秀吉が否定しようとした乱世の最悪の象徴であり、また日本国の指導者として屈辱でもあったのだろう。

「覚」には明記されていた日本人奴隷の問題は追放令には書かれていないが、日本人の側もこの売買に加担しているという事実は、戦国乱世の戦場を生きてきた秀吉にとっては認めざるを得なかった。だが、ここで秀吉がこの問題で取り上げ、さらにコエリョに詰問したからこそ、イエズス会も、一五九八年の破門議定書で奴隷売買を厳しく罰するに至ったとも言えよう。

秀吉が特に民衆に同情的だったとか、奴隷制度に反対だったなどと思うのは幻想である。事実、朝鮮征伐の戦場では、朝鮮人が奴隷として日本に連行された記録もある。だが、少なくとも秀吉が平和を構築するうえで、イエズス会と彼らに導かれたキリシタンの行動を規制することが絶対に必要だと見なした判断は、現在の視点からも間違いとは言えないだろう。

豊臣秀吉が望んでいたのは、何よりもまず日本国内の「平和」だった。秀吉の眼から見れば、宣教師たちが行っていた他宗派への排撃、キリシタン大名による上からの強制、ある種の宗教国家体制の構築は、平和への敵だったのである。おそらく、秀吉はイエズス会との関係を断つべきか、貿易の利を守るために友好関係を維持するか悩んでいたと思われる。そして、伊勢神宮からの要請、キリシタン大名領地から報告される寺社への攻撃の実情などが、秀吉のもとにはもたらされていたはずだ。

「国分」と「裁定」にあらがう島津家を征伐する九州遠征によって、秀吉はキリシタン大名の領地に実際に初めて足を踏み入れ、かつ、イエズス会が領有する長崎の港、そして日本人奴隷の実態などに触れただろう。秀吉によって領土を守られるはずのキリシタン大名・大友家や大村家が、政治的にはイエズス会士たちの強い影響下にあることを秀吉は見抜いたはずだ。そして、イエズス会士たちが、このキリシタン大名の領土を、ある種の「根拠地」として強い影響下にある領土のように振る舞っていたことも。

これらの様々な要素が絡み合い、ついにある感情の一線が切れてしまったこと、それがこの時期の秀吉の心理ではなかったかと私は考えている。

もちろん、これはあくまで推測に過ぎない。より重要なのは、この九州征伐の時点での、秀吉のキリシタン批判が、政治的な面に於いてはほぼ妥当なものであったこと、乱世を終わらせ平和を構築しようとする豊臣政権にとって、宣教師たちの、日本の国法や伝統的宗教を、布教のために踏みにじる行為をやめさせようとした姿勢は一定の正統性を持っていることを理解することの方が、秀吉の内面を探るよりもはるかに重要なことであろう。たとえこの時に出されずとも、伴天連追放令は、豊臣秀吉が「平和」を日本に構築するためにはいつかは必要なものだったのである。

第九章　侵略に対する秀吉のアジア戦略

そして、秀吉の伴天連追放令と同時に見ておかなければならないのは、朝鮮、琉球、そしてインドやフィリピンにまでわたる「アジア戦略」が同時に発動されていたことである。

秀吉からの挑戦状

従来、一五九二年から九三年における文禄の役、一五九七年から一五九八年における慶長の役という二度にわたる日本軍の朝鮮出兵は、晩年の秀吉による誇大妄想的な行動だとみなされることが多かった。

一方、この出兵を評価する説もいくつかあり、当時のアジアを支配していた明国の冊封体制の打破、統一後の諸大名に対する秀吉政権の支配力強化、諸大名の戦意の海外への発揚、また、明との交易を真の目的とする説などがある。そのうち、この出兵前後の秀吉の行動を分析し、それをスペイン・ポルトガルのアジアへの侵略に対抗する独自のアジア戦略であったことを論証したのが、『スペイン古文書を通じて見たる日本とフィリピン』（経営科学出版により復刻）を大東亜戦争中の昭和十七年に著した奈良静馬と、さらに緻密な研究を行い『戦国日本と大航海時代』（中公新書）で和辻次郎賞を受賞した平川新である。
まず、伴天連追放令前後の豊臣秀吉の行動を、平川の著書によって時系列に並べてみる。

一五八七年　秀吉九州平定、対馬の宗氏に朝鮮服属の交渉を命じる
　　　　　　伴天連追放令発布
一五八八年　島津氏を命じて琉球に入貢を命ずる
一五九一年　ポルトガル領インド副王への書簡作成
　　　　　　マニラのフィリピン総督に服属要求書簡作成、発送
一五九二年　朝鮮出兵（文禄の役）
一五九三年　フィリピン総督に二度目の書簡送付
　　　　　　台湾に入貢を求める書面

平川が着目したのは、豊臣秀吉は朝鮮出兵以前から、明国征服のみならず南蛮（東南アジア）や天竺（インド）征服を構想していたことだ。一五八五年関白就任直後、秀吉は「日本国の事は申すに及ばず、唐国まで仰せ付けられ候心に候か」と語ったことが家臣の書状に記されている。また、一五八六年イエズス会のコエリョに大坂城で謁見した際も、「国

内平定後は日本を弟の秀長に譲り、明国征服に乗り出すことを語った」とフロイスの記録にある。

実はこの時は、秀吉はポルトガルと日本との軍事同盟まで持ち出し、コエリョはこれに賛同している。ここから読み取れるのは、伴天連禁止令を発する以前の秀吉の発想は明国征服までであり、そのためにポルトガルの軍事力も利用しようと考えていたのだ。ポルトガルにも明国征服（および大陸全土へのキリスト教布教）の野望があり、この時点では双方が同盟を結ぶ可能性は十分あった。しかし、伴天連禁止令以後その発想は放棄される。それだけではなく、スペインの支配するフィリピン、ポルトガルの支配するインドが、秀吉にとっては征服の対象となる。これは海外征服の野望という以上に、スペイン、ポルトガルのアジア侵略への逆襲としての世界戦略であった。

そのことはまず、一五九一年にヴァリニャーノがポルトガル領インド副王の親書を持参して謁見した際、秀吉側から渡された返事にも示されている。この内容はかなり激烈なもので、それをどうにか修正した形でヴァリニャーノたちは持ち帰らざるを得なかった。

この文書にはこうある。

「一度大明国を治せんと欲するの志あり。不日楼船を浮かべて中華に至らん事掌を返すが如し。其便路をもって其地に赴くべし。何ぞ遠近融を作さん乎」と明国征服が堂々と語られ、それによってインドとは近くなるのだから交流をしようと呼び掛けている。同時に、日本は神国であり、仁の精神によって国を治めている。しかるに「爾の国土のごときは教理をもって専門と号して、しかして仁義の路を知らず。此故に神仏を刑せず、君臣を隔てず、只邪法を囲て正法を破せんと欲する也」。今後「邪法」を説く伴天連の布教は認めず、もし行えば「之を族滅すべし。臍を噛むことなかれ」。ただし、友好と貿易を求めるならば「商売の往還を許す」というものだった（『スペイン古文書を通じてみたる日本とフィリピン』を要約）。

どう読んでもこれは友好関係を目指すものではなく、「神国日本」の優位性を明確にした挑戦状である。だが、この表現が多少乱暴に見えたとしても、スペイン・ポルトガルがインカ帝国やアジア・アフリカ各地で行ってきた虐殺と収奪、そして、キリスト教が世界唯一の真理であり、他は「邪法」であるという価値観がその侵略を正当化してきたこと、さらに日本における伴天連の寺社仏閣への破壊行為などを考慮すれば、秀吉がこの時点で「神国」という理念でそれと対峙したことにも一理はあるというべきだろう。

この強硬な意思は、文禄の役における初期の戦勝後、さらに明確に表れる。

一五九二年五月に朝鮮に上陸した日本軍は六月には開城を征服し、秀吉がこの時期、関白秀次らに送った書簡には、今後の征服計画が次のように記されている。

(一) 大明国を支配し、秀次を「大唐関白」とする。
(二) 後陽成天皇を北京に移し、日本帝位は良仁親王か智仁親王のいずれかにする。日本関白は宇喜多秀家か羽柴秀康。
(三) 秀吉は寧波に居所を定める。
(四) 明の次は天竺（インド）征服を行う。

寧波とは中国・浙江省の港町である。古くは遣唐使が送られていたことで知られており、室町時代初期には日明貿易の拠点であった。秀吉はここを抑えて東シナ海、南シナ海を制覇するための拠点にすることを考えていたと思われる。そして、先の書簡に示されていたように、秀吉はスペインが支配していたフィリピンのみならず、ポルトガルの支配するインドをも射程圏内に置いていることを明確にしている。

フィリピン総督への「降伏勧告」

そして、秀吉は朝鮮出兵に先んじ、一五九一年十一月の段階で、マニラのフィリピン総督に対し「降伏勧告」の書簡を送っている。届いたのは翌年であるが、内容は次のようなものである。なお、ここに記されている原田孫七郎は貿易商で、数回フィリピンにわたり、かの地は防衛が手薄であり出兵すべきことをしばしば秀吉に説いていた。

我が国はここ百年以上、国内は様々な群雄が現れて戦乱が続いたが、この十年の間に自分がことごとく平定し統一した。これによって、朝鮮、琉球など諸国も我が国に帰服しており、これより、明国を征服する予定である。しかし、フィリピン総督はいまだに我が国に献上物も送る礼を尽くさない。「故に、まず軍卒をして其地を討たしめんと欲す」。しかし、まず戦争の前に、原田孫七郎の貿易船によって余の意志を伝える。戦争になる前に、これ旗を倒して（降伏して）余に服従すべき時である。「来春、九州肥前に営すべし。時日を移さず、降幡を伏せてしかして来服すべし」。降伏しなければ、速やかに征伐を行うであろう（『スペイン古文書を通じてみたる日本とフィリピン』を要約）。

まさに宣戦布告以上の降伏勧告文書である。これに対し、フィリピン総督ダスマリナスは、戦争を覚悟してマニラに戒厳令を敷き、市民に許可なく財産や家族を市から移すことを禁じた（違反したものは処刑の上財産を没収、軍資金とする）。さらにマニラ付近の山間地帯に要塞を建設することを命ずるとともに、マニラ在住の日本人を武装解除して市外に隔離している。さらにスペイン国王にも特使を送り、援軍の派遣を求めるとともに、日本に対しては、原田孫七郎は商人であり、果たしてこの書簡が真に秀吉の正式な文書かどうかすぐには判断しかねる、しかし、日本との親交を我々は希望するという親書を送った。

秀吉はさらに、一五九二年八月、十二月と二回にわたってフィリピン総督に書簡を送っている。特に十二月の書簡では「余が部下の将の多数はマニラに至り、その地を領すべき許可を与えられん」と、諸将もフィリピン出兵を望んでいることが告げられ「支那に渡りたる後はルソンは容易に我が到達し得る範囲内にあり」。だが、余の願うのはあくまで親善関係である。スペイン国王に余の意志を伝えよ。「遠隔の地をもってカステイラ（スペイン）王をして、余が言を軽んじせしむることなかれ」と、フィリピン総督のみならずスペイン国王にも呼びかけ、親善を望むのならば地位ある要人を国王自ら日本に送るようにと書簡を結んでいる。

フィリピンを支配していたスペイン人たちが恐れていたのは、日本軍の来襲と共に、植民地下のフィリピン人が蜂起することだった。「フィリピンの原住民はスペイン人を憎んでいるから、日本人がスペインに行けば直ちに原住民はスペイン人を日本人の手に引き渡すであろう」と、秀吉配下の武将が語っていたという噂が当時フィリピンでは流れている。「太閤が死ねば二歳の息子しか相続人がおらず、分裂が起こり、マニラは危険から免れるであろう」と、総督の使者として一五九四年に来日するフランシスコ会士のジェロニモ・デ・ジェズスは語っていた。またジェズスは、朝鮮での戦争が終わらないことを望む、そうであればマニラは平和なのだからとも語っている。いずれも、スペイン側の恐怖を表す言葉である。

奈良静馬の『スペイン古文書を通じて見たる日本とフィリピン』は、書物としては古文書を網羅して紹介しようとする意志が強すぎてややまとまりを欠いているが、そこには秀吉の堂々たる「神国理念」に基づいた外交文書を記録にとどめようという意思と、スペイン、そしてアメリカの植民地化に置かれたフィリピンの独立への共感がみなぎっている。そこには歴史的共通性も根拠もあったのだ。

さらに秀吉は一五九三年、台湾にも服属を求める書簡を送っている。逆にフィリピンのスペイン高官の中には、秀吉が朝鮮半島に力を奪われている今こそ、台湾を征服し防波堤とすべきだという説もおきていた。これもある意味、フィリピン以下インドへの戦線を構築するために台湾が重要な拠点になるという、秀吉なりの戦略であったのかもしれない。

当時、近代的な意味での国家主権や国境概念は希薄な時代だった。現在の視点から見れば、豊臣秀吉の朝鮮出兵が過酷な苦しみを日本軍にもまた朝鮮民衆にも与えたし、結果として豊臣政権は疲弊、武将たちの団結も秀吉の死後には崩壊し、将来の豊臣家滅亡につながったことは否定できない。しかし、朝鮮出兵と、その前後に行われた以上のような「アジア戦略外交」について、平川新は次のように評価している。


服属要求といい、征明の通告といい、これらの書簡はインド副王やフィリピン総督に対して、豊臣秀吉という人物、そして日本という国の強大さを誇示したものであった。（中略）あえて明国征服を喝破していることからみれば、両国（スペイン、ポルトガル）が早くからねらっていた明国を、自分が先駆けて征服するぞ、と通告する意図までも感じ取ることができる。

（中略）こうした秀吉の言動は、ヨーロッパ最大の強大国に対する強烈な対抗心と自負心を示している。（中略）秀吉がめざしたのは、世界最強国家スペインと対抗し、アジアを日本の版図に組み込んでいくことだった。言葉を換えれば、世界の植民地化をめざすスペインに対する東洋からの反抗と挑戦だともいえるだろう。（『戦国大名と大航海時代』）

そして、この秀吉の精神を、まるでその後の大東亜戦争の歴史を予言するかのように語っているのが、小林秀雄の昭和十五（一九四〇）年八月に行われた講演『事変の新しさ』である（『小林秀雄全作品十三巻　歴史と文学』収録）。

この講演で小林は、「豊臣秀吉は気宇壮大ではあったが決して空想家ではなかった。空想や誇大妄想にかられるような人間が天下をとれるわけがない。朝鮮出兵も明国征服も、秀吉のこれまでの豊富な知識と体験から導き出された戦略であった。しかし、結果は惨憺たる失敗であり、秀吉の誤算だったことは間違いない。だが、その誤算は、秀吉が耄碌したなどという『消極的な誤算』ではない」と断定する。

> 太閤は耄碌はしなかった。戦争の計画そのものが彼のあり余る精力を語っているわけです。彼が計算を誤ったのは、彼が取組んだ事態が、全く新しい事態だったからであります。この新しい事態に接しては、彼の豊富な知識は、何んの役にも立たなかった。役に立たなかった許りではない、事態を判断するのに大きな障碍となった。つまり判断を誤らしたのは、彼の豊富な経験から割り出した正確な知識そのものだったと言え

るのであります。これは一つのパラドックスであります。（中略）太閤の知識はまだ足りなかった、若し太閤がもっと豊富な知識を持っていたら、彼は恐らく成功したであろう、という風に呑気な考え方をなさらぬ様に願いたい。そうではない。知識が深く広かったならば、それだけいよいよ深く広く誤ったでありましょう。（中略）そういうパラドックスを孕んでいるものこそ、まさに人間の歴史なのであります。これは悲劇です。太閤のような天才は自ら恃むところも大きかった。したがって醸された悲劇も大きかった。これが悲劇の定法です。悲劇は足らない人、貧しい人には決して起りませぬ。（『事変の新しさ』）

豊臣秀吉に対する、また、歴史というものに対する最も深い、かつ逆説的な形でしか現れぬ真理がここにある。

第十章　宣教師による軍事侵略計画

キリシタン宣教師の「日本軍事作戦計画」

秀吉は伴天連追放令の後も、現実に宣教師たちを捕まえて、強制的に追放するような行動は控えていた。キリスト教が、他の宗派と衝突することなく一つの信仰としてこの日本社会に軟着陸するのであれば、南蛮貿易を継続するためにも、キリシタン弾圧や追放など、ポルトガルやイエズス会と決定的に対立することは避けたかったのだ。

コエリョ司祭も、全国のイエズス会士を平戸に集め（イエズス会の領地だった長崎は秀吉により接収されることは確実だった）、追放令は無視して日本に残留する、しかし、秀吉を刺激することは極力避けることを基本方針として決定した。全国に散っていた宣教師たちが九州に集結し、充実した布教や教学を施すことができたので、改宗者が増え、質が上がったという報告もあるほどである。

しかし、この裏で見過ごしてはならない計画が、コエリョを中心に日本の司祭たち（フロイスを含む）によって企画されていた。ポルトガル、スペイン軍による日本攻撃計画を、彼らが本国やマニラに打診しようとしていたのである。以下、このキリシタン宣教師たちの日本に対する軍事行動の計画については、高瀬弘一郎の優れた論考「キリシタン宣教師の軍事計画」が詳しく論じている。

既に一五八五年三月三日付で、コエリョがフィリピンのイエズス会宛てに、日本へのスペイン艦隊派遣を求めた書簡が記録されている。

「(前略)総督閣下に、兵隊、弾薬、大砲、及び兵隊のための必要な食糧、一、二年間食糧を買うための現金を充分備えた三、四艘のフラガータ船を、日本のこの地に派遣していただきたい。それは、現在軍事力に劣るために抵抗出来ず、他の異教徒に悩まされ、侵犯されている何人かのキリスト教徒の領主を支援するためである。(中略)この援軍の派遣により、陛下にとっていろいろ大きな利益が生ずるであろう。第一に、これらのキリスト教徒の領主とその家臣は、これほど遠方から陛下の援助が与えられるのを知り、その庇護の下に一層信仰を強固なものにする。第二に、異教徒はこのことから脅威と驚きを抱き、キリスト教会に対する迫害や、新たに改宗を望む者に対する妨害をしようとはしなくなるであろう。第三に、異教徒は、キリスト教徒が陛下から援助をうけるのを見て、これを好機に、改宗に反対する領主を恐れることなく改宗するであろう」（『キリシタン宣教師の軍事計画』）

当時フィリピンはスペインの支配下にあり（一五二九年、スペインとポルトガルの間で決められたサラゴサ条約によって、フィリピンはスペイン領と決められていた。これはトルデシリャス条約の部分修正であるが、これまた、当のフィリピン人には何の関係もない侵略者間の取り決めである）、同地のフィリピン総督はしばしば中国大陸への武力征服を提案する文書をスペイン国王宛てに送っていた。

スペイン国王は、そのような軍事的冒険よりも、フィリピンの経営と対中国貿易に専念することを求めていたのだが、同地の宣教師たちの間では、布教のために中国を征服することを求める声が盛んにあがっていたのだ。コエリョも彼ら同様、将来の中国征服のためにも、日本のキリシタン大名を軍事面で支援し、その勢力を広げていくことを求めていた。

ここで重要なのは、キリシタン大名の側にも、コエリョの計画に賛同する面があったことである。一五八七年六月二十六日付で、フィリピン総督からメキシコ国王に送られた報告書の中には、フィリピン総督との貿易を望んでいた平戸の松浦鎮信（しげのぶ）（彼自身はキリシタン大名ではない）から、必要であれば、充分な武装兵を安価な傭兵料金で派遣する用意がある、またキリシタン大名小西行長の軍も共に行動するだろうという申し出があったといという記録が残されているのだ。コエリョの軍事行動の要請は根拠のないものではなかったのである。

コエリョの要請に対し、フィリピンのイエズス会からは、二つの理由からこのような軍事行動には協力できないという返答が来た。第一に、現在のフィリピン総督には、それだけの強大な軍事力はない。第二に、フィリピンと日本との交流が進み、イエズス会以外の宣教師が日本に行くようなことになれば、イエズス会の日本のキリスト教布教の弊害となる。

この第二の理由が挙げられたのは、日本における布教活動は原則、イエズス会の独占にすることが、ヴァリニャーノ他日本イエズス会首脳の方針だったからだ。遣欧使節の目的の一つも、ローマ教皇にそのことを訴えるためでもあったのだ。特にヴァリニャーノは、フィリピンの宣教師が日本に行くことを禁じてほしいという書簡を繰り返し送っていた。

しかし、一五八五年の段階では、キリシタン大名も、またキリスト教布教もそれほどの危機状態にあったわけではなかった。一五八七年、秀吉が伴天連追放令を出したことは、再びコエリョに、武力により秀吉に対抗しなければならないという意識を持たせた。コエリョの姿勢に対してヴァリニャーノは、日本に帰国した年の一五九〇年十月十四日、イエズス会会長宛てに送っている書簡で紹介しつつ批判している（コエリョはこの年の九月に病死していた）。

ヴァリニャーノはまず、コエリョが善意からであれ、多くの過ちを犯したことを指摘する。かつて、有馬氏のようなキリシタン大名が危機に陥ったときに、コエリョは彼らを守りたいがために、秀吉に、薩摩の島津氏や肥前の龍造寺氏らを攻めるよう勧め、また、自分がキリシタン大名が団結して秀吉に味方させると約束した。

さらに、秀吉が、「自分は日本を統一した後は明に遠征するつもりである」とコエリョに語ると、コエリョは、「その時は自分が関白を援助できる。二隻のポルトガル船を調達しよう。インド副王に交渉して援軍を送らせよう」などと申し出た。

これによって秀吉に、「この伴天連は大名を自由に動かせるほどの力を持っているのか。このような存在を許していては、かつての一向一揆のように、危険な勢力になるかもしれない」という疑いを抱かせてしまった。

「そもそもイエズス会は、日本における戦国大名間の争いに対してはできるだけ中立の立場を保ち、仮にキリシタン大名であれ、よほどの場合でない限り、武器を供与するようなことはあってはならない」

ヴァリニャーノはこう述べ、コエリョがいたずらに自己の政治力やキリシタン大名への影響力を誇示し、却って秀吉に、イエズス会の布教が危険な政治勢力を生み出すのではないかという危機感を与えてしまい、結局伴天連追放令につながっていったのだと分析した。

そして、コエリョはさらに暴走し、追放令以後、秀吉との戦争まで企画したとヴァリニャーノは批判する。

「彼は直ちに有馬に走り、有馬殿及びその他のキリスト教徒の領主達に対し、力を結集して関白殿への敵対を宣言するよう働きかけた。そして自分は金と武器、弾薬を提供して援助すると約束し、直ちに多数の火縄銃の買い入れを命じ、火薬、硝石、その他の弾薬を準備させた。そして結局、無理矢理上述の領主達をして関白殿への敵対を宣言させようとし、すんでのところで戦争が勃発するところであった」(『キリシタン宣教師の軍事計画』)

しかし、有馬、小西らキリシタン大名がこの呼びかけを拒否したので、コエリョは今度は、フィリピンから直接スペイン軍を日本に派遣することを求めた。

「彼は二〇〇乃至三〇〇人のスペイン兵を導入すれば、すべてのパードレが或る場所で要塞を築き、関白殿の権力に対抗して自衛出来ると考え、そこでフィリピン諸島の総督、司教、及びパードレ達に書送り、このような援軍を送ってもらいたい旨要請した」

（『キリシタン宣教師の軍事計画』）

ヴァリニャーノは、この要請をフィリピン総督が拒絶してくれたからよかったものの、もしも、上記いずれかの計画であれ実現していたら、秀吉の怒りを買い、日本におけるイエズス会もキリシタンも破滅的な状況に追い込まれただろうと述べ、コエリョの無謀な試みを全否定している。

しかも、一五八九年、当時マカオにいたヴァリニャーノのもとに、コエリョはイエズス会士ベルチョール・デ・モーラを派遣、コエリョとほぼ同じ考えを持っていたモーラは、ヴァリニャーノにコエリョの意志として、帰国する際は、二百人ほどの兵士と武器弾薬を連れてきてほしいと頼んでいる。ヴァリニャーノは当然これを拒否、日本帰国後、武器弾薬の全てをひそかに売却処分、大砲はマカオに売却する手はずを整えた。上記の書簡はその後に書かれたものである。

ここには、都合の悪いことの全てを、死んだコエリョに押し付けている感はなくはない。ヴァリニャーノ自身、窮地に陥った有馬氏を軍事的、経済的に支援することでキリシタン大名の領土を守った前例があり、一五九九年には「この国を征服するだけの武力を持ちたいと神に祈る」と語っていた。ヴァリニャーノとコエリョの違いは、当時の情勢判断、特に豊臣政権の軍事力についての判断において、前者の方が冷静だったに過ぎないという解釈もありうるだろう。

この軍事計画のすべてを、コエリョが独断で行い実践したというのはあまりも不自然である。例えばフロイスは、一五八九年一月三十日、イエズス会本部に向けて、この地域でイエズス会とキリシタンを維持するためには、日本に堅固な要塞を築き、迫害が起きたらそこに逃れることができるようにする必要があり、同時にその要塞を守る兵士が必要だと書き送っている。これは、実際には長崎を要塞化する計画であった。そしてフロイスは、一、二の例外を除き司祭たちはほぼ同意見だと述べている。モーラがヴァリニャーノに援軍を率いて日本に戻るよう求めたのは、最も親日的なオルガンティーノ司祭以外のほぼ全員の意志だったようだ。ヴァリニャーノとしては、このような無謀な試みを今後なくすためにも、この意見をコエリョ一人のものとして消してしまうしかなかったのかもしれない。

イエズス会が組織として、この時期に日本への侵略や軍事作戦を考えていたわけではない。スペイン国王、フィリピン総督、そして当区の布教責任者であるヴァリニャーノも、いずれもそのような試みには反対だった。しかし、それは武力による征服を否定するものではなかった。当時のスペイン、ポルトガルの軍事力では、日本や中国大陸への戦争を仕掛けるだけの力量はないという客観的な分析、また、スペイン軍の行動が、日本にイエズス会以外のスペイン系の修道士会流入を同時にもたらすことへの警戒心などの戦術的な面がこの選択を取らせなかったのである。

これは筆者の見解だが、秀吉がキリシタンを警戒するようになったのは、コエリョの態度のうちに、朝鮮・明国への遠征に対し、秀吉への協力を申し出るように見えて、豊臣政権と軍事的に一体化することで、キリシタンの勢力をさらに伸ばし、場合によっては朝鮮や明国に対しての布教のために秀吉軍をも利用しようとしているかのような姿勢を見出したからではないか。秀吉をはじめ、戦国乱世を生きた武将であれば皆、そのように他国の軍隊を利用して領地を拡大してきたのである。そして、そのような「同盟者」は、いつ裏切るかもしれぬ存在であることも自明の理であった。

天正遣欧使節の日本帰国

ヴァリニャーノは一五九〇年、遣欧使節を伴い、長崎に八年ぶりに到着した。伴天連追放令が出て公式には布教が禁じられている以上、彼らは宗教的色彩を出さずに日本に行くしかなく、インド副王の外交使節という建前での訪日であった。

七月にヴァリニャーノと、少年、いや既に青年となった遣欧使節が長崎に入港した。使節団の家族も駆け付けたが、成長した息子を最初は見分けることもできなかったという。この段階で、ヴァリニャーノからイエズス会司祭たちに、コエリョが抱き、彼らの多くが同意した軍事行動に対し、厳しい批判が告げられたに違いない。

ヴァリニャーノは、キリシタンに好意的な増田長盛らの力を借りて、秀吉に謁見する機会を得ようとした。この年、秀吉は小田原征伐を行っており、京都に戻ったのも九月末だった。十月にようやく上洛が認められたが、伴天連追放令の件を持ち出すつもりなら謁見はできないという前提の上でのことだった。ヴァリニャーノは、自分たちはあくまでインド国王使節団であり、キリシタン問題とはかかわりないということを装うため、長崎現地のポルトガル人商人を含め二十九人の使節団を編成し、その中に遣欧使節の四青年を含めた。

秀吉との正式な謁見が実現したのは、翌一五九三年三月、聚楽第でのことだった。伊東マンショらは、ローマ教皇グレゴリウス十三世から授けられた黒いビロードの長衣をまとっていた。インド国王からの書簡を秀吉は受理し、歓迎宴会の後、遣欧使節の四人は西洋楽器を演奏し、秀吉は喜んで耳を傾け、三回も繰り返させた。

特に秀吉はリーダー格の伊東マンショを気に入ったらしく、自分に仕えてはどうかと誘ったが、マンショは「私は少なからず伴天連様に恩義を蒙っております。今、伴天連さまのもとを去っては、忘恩の誹りを免れませぬ」と言って辞退した。しかし、秀吉は気を悪くしたわけでもなく、さらに青年たちや通訳として同行したジョアン・ツズ・ロドリゲスと長時間話し込んだ。この時に渡されたインド副王の書面に対し、秀吉が激烈な言葉の返書を渡し、それをツズ・ロドリゲスが再び事情を説明して穏健なものに書き改めさせるなど、いくつかの行き違いはあったにせよ、秀吉としては、伴天連追放令や布教のことが直接話題にならないのならば、この時点でもこうして歓談することができたのであり、特にキリシタンを忌避していたわけではなかった。

　これ以後の使節たちの生涯について、充分な資料は残っていない。まず、彼ら四人はこの年の七月、天草でイエズス会士となった。伊東マンショや千々石ミゲルの母は大反対だったが、青年たちにとって、イエズス会やヴァリニャーノへの感謝の念を示す方法はそれしかなかったのだろう。しかし、ヴァリニャーノがさらに一年後、ローマに送った彼らの健康状態や、その成績についての評価には、残酷な現実がうかがえる。

「伊東マンショ、（イエズス）会の修練生（ノビシオ）として一年半（を経過）するも、特許によりラテン語を一級生として勉学中。日本語の読み書きはまだあまりよく知らぬ。性質良好」

「千々石ミゲル、（イエズス）会の修練生として一年半（を経過）するも、特許によりラテン語を二級生として勉学中。日本語の読み書きはまだあまりよく知らぬ。身体虚弱」

「原マルチノ、（イエズス）会の修練生として一年半であるにかかわらず、ラテン語（の勉学）を終えたところで、目下日本語の読み書きを勉強中。健康体」

「中浦ジュリアン、（イエズス）会の修練生として一年半（を経過）するも、特許によりラテン語を二級生として勉強中。日本語の読み書きはあまりよく知らぬ。健康中位」（『天正遣欧使節』）

イエズス会のラテン語教育は、二級と一級に別れていた。彼らは日本に来てラテン語を学び直したが、一年半後、クラスを終えることができたのは原マルチノだけで、しかも全員が、肝心の日本語の読み書きができなかったのだ。若い盛りの八年間を、勉強よりも航海と、ヨーロッパでの駆け足の旅行に過ごし、当人同士の幼い言葉以外は日本語にもほとんど触れずに過ごした彼らは、語学のみならず、日本に住む若者ならば当然生活の中で身に付ける知識も教養も体験もない状態で、今度はイエズス会という外部から遮断された環境に入れられたのである。これで充分な学問を身に付けろという方が酷であろう。

遣欧使節の一つの目的は、ヨーロッパ社会の偉大さ、ローマでの教皇謁見の感動な旅を、この少年たちが帰国後日本に伝えることだった。しかし、ヴァリニャーノ自身こう認めざるを得なかった。

日本語と日本の書物に造詣の深い者が日本で尊敬されるのであり、それらを弁えぬ者は、たとえ万事に博学であっても、無法者とみなされ、日本人の間で尊敬されない。
（ヴァリニャーノ『巡察記』）

この使節の四人が、この八年間の旅路で様々な体験を得たとしても、またヨーロッパについての知識や情報（もちろん彼らのそれは正確なものではなかった）をいかに持っていようと、それだけでは、他の日本人にとって、単に物珍し気な体験談、旅行記以上のものではない。いまだ、日本語の充分な知識も語彙もない彼らが、日本社会での布教において大きな影響力を持つはずもなかった。このような正式な遣欧使節の企画は、結局二度と行われなかった。秀吉から家康、秀忠と続く禁教のこともあるが、何よりも、生命の危険を冒す長い航海と費用に比して、得られる成果が極めて少ないことが明らかになったからだろう。

四人は一五九三年、イエズス会修道士となる。伊東マンショと中浦ジュリアンは、さらに一六〇一年、マカオにわたり、そこで司祭となるための教育を受けることになる。原マルチノは四人の中では、ラテン語の実力も含め最も優秀だったらしいが、彼がマカオ行きから外された理由も不明である。優秀だからこそ、この日本に残しておき、後述する印刷事業などに役立たせたいという日本イエズス会の方針だったのだろうか。そして、千々石ミゲルは、この時期キリスト教を棄教、千々石清左衛門と名乗る。彼は棄教の理由の一つとして、キリシタンは邪法である、表には菩提の道を説くが、その実は「国を奪う謀（はかりごと）である」と訴えたという。

これには、虚弱だったとされるミゲルが、神学校でもなかなか仲間たちについていけず、また、宣教師たちの中にある日本人への蔑視を鋭く感じざるを得ない立場にいたことも影響しているのかもしれない。いずれにせよ、彼は他のキリシタンからも裏切り者とみなされ、最後は長崎で一生を終えたとされる（二〇一七年、ミゲルの墓とされる場所からロザリオが発見され、彼はイエズス会は脱会しても信仰は捨てていなかったのではないかとする説があるが、真偽はわからない）。

一六〇四年、伊東マンショと中浦ジュリアンが学問を終えて日本に戻ってきた。その後、原マルチノと共に、彼らは日本で布教活動に従事したが、一六一二年、伊東マンショは長崎で病のために世を去った。そして一六一四年、徳川家康の禁教令ののち、多くのキリシタンたちと共に、原マルチノはマカオに旅立ち、一六二九年、同地で亡くなる。
中浦ジュリアン一人は、禁教下でも日本に留まる道を選んだ。ますます厳しくなる情勢の中、一六三二年に捕らわれ、残酷な拷問を受けたが棄教することはなく殉教した。彼はイエズス会にむけて、次のような書簡を残していた。

「聖なるローマの都、教皇聖下、枢機卿の方々、カトリックの重立つ方々、並びに私がヨーロッパを旅した時に経験したそれらの方々の御恩顧と御慈愛との想い出を鮮かにしまして、私の悦楽は決して小さいものではございませんでした」(『天正遣欧使節』)

中浦ジュリアンは、ローマで一時病に倒れ、教皇グレゴリオ十三世は彼に温かい言葉をかけた。その時の感動が、彼を拷問の中でも信仰につなぎとめたのだろうか。彼ら四人には、ある意味、ヴァリニャーノらイエズス会に運命をもてあそばれた面もあったといえよう。しかし、こうして数百年の時を経て、今も彼らの物語は、私たちに哀しさと美しさを伝えずにはおれない。そしてそのヴァリニャーノは、一六〇六年、マカオで亡くなっていた。彼は死の床で、かつて自らと共に日本を旅立った少年たちの童顔を思い出すことがあったのだろうか。

サン・フェリペ事件と秀吉の死

さて、秀吉とヴァリニャーノ、そして遣欧使節が謁見した時代に戻らねばならない。

この時期の日本イエズス会の活動で重要なことは、出版事業の成功である。ヴァリニャーノは、布教のためには何よりも体系的なテキストが必要だと考えており、遣欧使節の四人以外に二人の少年、コンスタンチーノ・ドラードとアグスチーノを伴わせたのは、そのための印刷術を学ばせるためだった。

ドラードは一五六七年諫早生まれで、日本を発つときは一五歳だった。松田毅一は、「ドラード」という名は、ポルトガル語で「金細工師」を意味し、彼の父親も同じ仕事をしており、幼いころから手作業に慣れていたので、このような役目にはうってつけとして選ばれたのではないかと推測している。アグスチーノに関しては残念ながら資料がほとんど残っていない。しかし、彼らはある意味四人の使節以上の役割を果たした。印刷術を会得してきた二人は、ヴァリニャーノが持参した活版印刷機で多くの書籍を発行、聖者伝『サントスの御作業の内抜書』、教義問答集『どちりいなきりしたん』『コンテムッス・ムンヂ』（本書については次章にて触れる）、キリスト教関連書籍以外にも、ローマ字による『平家物語』『伊曾保（イソップ）物語』なども出版された。

これらの著作は、最初に日本語、しかも書物という形式でキリスト教の思想と実践を日本人に伝えた貴重な記録である。例えば次のような言葉は、その後の禁教と殉教の時代に、一定の影響力を信徒に与え、その心を励ましたのではないか。

弟（弟子）「きりしたんとは何事ぞや」

師「御主ぜずきりしとの御教へを心中にひいですにうくるのみならずことばを以てもあらはす人也」（主イエス・キリストの教えを、心の中で信仰として持つだけでなく、言葉でも現わす人のことである）

弟「何の故にか御あるじぜずきりしとの御教へをひいですにうけことばを以てあらはす人とはいはれけるぞ」（なぜ主イエス・キリストの教えを信仰として受け、言葉で現わす人というのですか）

師「諸のきりしたん御主ぜずきりしとの貴き御事を心中にひいですにうけずしてかなはぬのみならず死すると云ともことばにも身持にもあらはすへきとのかくごある事専也」（すべてのきりしたんが、主イエス・キリストの尊い教えを、心の中で信仰しなければならないのみならず、たとえ死んでも、言葉にも行いにも現わそうという覚悟が必要だからである）

弟「きりしたんと云は何をかたどりたる名ぞ」（きりしたんというのは何から取った名前ですか）
師「きりしとをかたどり奉也」（イエス・キリストから取った名である）
（宮脇白夜訳『現代語訳　ドチリイナ・キリシタン』聖母文庫）

このような出版以上に、キリシタンを風俗として「流行」させたのは、ポルトガル風、またキリシタン風のファッションが、ヴァリニャーニと使節団の入京以後広まったことであった。ロザリオ、十字架、ポルトガル風の服装などが、庶民にも貴人にも広がり始めたのである。伴天連追放令以後も信者は増えており、イエズス会としてはこのまま目立たぬよう穏便な布教活動を続けていくこともしばらくの間は可能だったはずだ。

しかし、その全てを覆すような事件が発生する。サン・フェリペ事件である。

もともと、日本での布教を求めていたのはイエズス会だけでもポルトガルだけでもなかった。フィリピンに根拠を置くスペイン系のドミニコ会、フランシスコ会などの「托鉢修道会」（ドミニコ会、フランシスコ会、聖アウグスチノ修道会、カルメル会など、いわゆる会員の私有財産を否定する修道会）は、ポルトガルのイエズス会が日本布教を独占しているのを不快に思っていた。

一五九三年、フランシスコ会士ペドロ・バウチスタが、フィリピン総督の書簡を持参して来日し、秀吉に書簡を渡す。清貧を美徳とするフランシスコ会として、貧しい服装で現れた彼に、秀吉はいくらかの俸禄を与えようと言ったが、バウチスタはそれよりも少量の米と、家一軒、そして天主堂を建設する許可を頂きたいと述べ、秀吉は快諾したという（神田千里『戦国と宗教』）。実際、彼は京都にて教会堂を建て、公然と布教を始めている。

追放令が出ている時期に本来は許されるはずがないことなのだが、秀吉の気まぐれだったのか、あるいはこれまでのイエズス会に比して謙虚で、清貧に見えたこの修道士を好ましく思ったのかはわからない。

渡辺京二は、フランシスコ会は、現実の追放令に屈して、非公然の場でしか布教を行わないイエズス会に強い不満を持っており、秀吉の許可があろうとなかろうと、自らの信念で、殉教覚悟で布教活動を行うことこそ自分たちの使命だと考えて来日したのではないかと指摘している。これは政治運動の現場でもよくある、原理主義的な急進派が、それまでの現場の努力を無視して自己満足的な行動に走ることを思わせるが、その行動は、まさに彼ら自身に殉教という運命を招き寄せることになった。

一五九六年七月、フィリピンのマニラを出航したスペイン船サン・フェリペ号が、東シナ海で台風に襲われ、十月十九日、船は四国土佐沖に漂着した。奉行の増田長盛が派遣され、積荷並びに乗組員の所持金までもが没収されることになったが、増田が船長や乗組員を事情聴取した結果、スペインは宣教師を尖兵として送り込み、その後の侵略の足掛かりにすることが判明したという報告があがったのである。

これに激怒した秀吉は、直ちに京都、大坂のすべての宣教師を逮捕せよと命じた。結果、先のペトロ・バウチスタなど宣教師三人と修道士三人、および日本人信徒二十人が捕らえられ、彼らは長崎に送られ、翌一五九五年二月に処刑された。いわゆる日本二十六聖人であったが、これは秀吉が行った最も厳しいキリスト教徒への迫害であった。

この事件には、晩年、豊臣秀次に切腹を命じるなど、自分の感情を抑えきれない傾向のあった秀吉の性格や、増田長盛が船長や船員の言葉を過剰に解釈して秀吉に伝えたことによる誤解という面もあった。しかし同時に、この時処刑されたフランシスコ会士マルチン・デ・ラ・アセンシオンが、次のように語っていたことも見ておかなければ不公平というものである。

スペイン国王は、日本に対して支配権を有する。しかも同国王は布教保護権により、日本教会の保護者として、そこでの教会活動を支えるため、あらゆる手段を講じなければならない。スペイン国王はこの日本に対する権利と義務を、他に譲渡することなく、自ら行わなければならない。同国王はその任務遂行のため、日本において、貿易船の入港と交易に適したいくつかの港を取得して要塞化し、艦隊を配備する必要がある。

そして日本において暴君たちの支配下にある多くの国々を武力によって奪い、最後には日本全土を我がものにする。スペイン国王は法的に日本の支配者であるが、イエズス会士が同国王の忠誠な家臣として協力するなら、彼を容易に日本の実際の支配者とすることができよう。なぜならイエズス会士はポルトガル船を通して、有力大名の味方が多いからである。（高瀬弘一郎『キリシタンの世紀　ザビエル渡日から「鎖国」まで』岩波書店）

アセンシオンの思想は、ローマ教皇は宗教的指導者であるだけではなく、世界中の政治的・軍事的統治者であり、全世界をカトリック信仰のもとに束ねる権利と使命を持つ存在と見るものだった。このような文書を秀吉が実際に読んでいたわけではあるまい。しかし、秀吉の伴天連追放令は、単なる独裁者の信仰弾圧ではなく、日本を平和的な統一国家にするためのものだった。そのためには、イエズス会であれフランシスコ会であれ、当時のキリスト教の持つ排他性や他宗派への攻撃と、その背後にある侵略の危機に対して、一定程度抑圧的にならざるを得なかったことも私たちは理解できるはずである。

この年、秀吉は大坂城で亡くなった。通訳のロドリゲスがポルトガルの使節団を連れて訪れると、秀吉は彼一人だけに会いたいと伝え、既にやせ衰えた姿で、もはや余命いくばくもなく、再び相まみえることもあるまいと別れを語った。秀吉は最後まで、個々のキリシタンに対しての悪意や敵意は薄かったのだ。しかし彼の脳裏を常に離れなかったのは、同じく平和を語っても、彼の考える平和の概念と、キリシタンのそれとは決して一致できないのではないかという意識だったに違いない。

第十一章　細川ガラシャ　その生と死

キリシタンにして武士の妻

一五六三年、明智光秀の三女として生まれた「玉」は、細川ガラシャという名前で歴史に名をとどめている。ガラシャこと玉は、自らに与えられた厳しい運命の中、キリスト教を己の信仰として選び、同時に、戦国武将細川忠興の妻として生き抜いた。日本に初めてキリスト教が伝来した時代に、一人の個人として、日本と西欧の二つの価値観に引き裂かれる鮮烈な精神のドラマを描き、その死をもって完結させたのである。

明智光秀は、玉が三女として生まれた当時は、越前の朝倉家に仕えていたが、のちに足利義昭、そして織田信長と、優れた主君を得て、一五七五年には織田家の重臣として日向守の称号を得る。一五七八年に玉は山城国大名細川藤孝の息子、忠興と結婚する。これは織田信長の命による傘下の大名を結び付けるための政略結婚であったが、もともと細川藤孝と光秀は関係が深かった。藤孝は、十三代将軍足利義輝が梟雄（きょうゆう）松永久秀により殺害された永禄の変以後、越前に身を寄せていた足利義昭に仕えており、光秀とはそこで出会っていたのである。一時は足利義昭将軍擁立のために共に尽力していたこの二人にとっても、この結婚は歓迎すべきものだった。この時、細川忠興、玉はともに十六歳である。その後一男一女が生まれた。戦国武将の夫婦としてはごく一般的な生活を送っていたといってよいだろう。

時代が急変したのは、一五八二年の本能寺の変である。明智光秀は主君である織田信長を京都本能寺に討つという謀反に及び、玉はこれで「謀反人の娘」となった。そしてすぐに光秀は、細川藤孝に同盟を持ち掛けた。これまでの関係からして、当然応じてくれると思ったに違いない。しかし、藤孝は拒否し、しかも出家して家督を息子の忠興に譲ってしまう。そして細川家は玉を離縁し、京都丹波の味土野（みどの）という寒村に事実上幽閉してしまう。

これは冷酷な措置に見えるが、今後謀反を起こした光秀と織田諸将との戦争が予想される中、明確な態度表明をすることは細川家として当然だった。また、もしも完全に玉および明智家と忠興との関係を断ち切りたいのならば、離縁して明智家に送り返せばいいのである。戦乱が予想される京の都から寒村に部下をつけて送り出したのは、細川家としては事態に決着がつけば玉を戻すことも考えていたと思われる。実はこの時玉は妊娠しており、味土野で次男興秋を生んでいる。この時玉に付き従った一人、小笠原少斎は、玉の最後に至るまで運命を共にすることになる。

光秀は西国から攻め上ってきた秀吉軍に敗れ、敗走中に落ち武者狩りをしていた農民の槍にかかった。秀吉は光秀に味方しなかった細川家の態度を讃え、二年後、玉は細川家に戻ることができた。この二年間のうちに、玉の心中にどんな思いが巡っていたかはわからないが、父が敗北し、みじめな最期を遂げたこと、同時に、戦国武将として家を守るためとはいえ、盟友関係にあったはずの義父と夫が、父光秀への支援を拒絶したことは深い心の傷となったはずだ。さらには、今後の生涯を謀反人の娘として生きざるを得ない運命に置かれたことを、一人かみしめる日々だったに違いない。

玉は父を滅ぼした秀吉に対しては強い怒りと警戒心を抱いていた。『細川家記』には、秀吉が玉に謁見を申しつけたことを聞かされると、玉はたとえ殺されても父の仇である秀吉の招きに応じるつもりはない、もし行かねばならぬのならその時は懐刀で刺すつもりで行くとまで答えたという。ここには、光秀の娘として、決して勝者である秀吉には屈しないという戦国武将さながらの覚悟がみられる。

もう一つ、これは資料的裏付けはない半ば伝説に近いものだが、細川忠興が文禄の役で朝鮮に出征している間、秀吉は武将の妻をねぎらうという名目で玉に謁見を命じた。好色で知られた秀吉の誘いに、玉は応じはしたが、その際帯に懐刀を忍ばせ、しかもわざと落として見せた。秀吉は玉の決死の覚悟を知り、それ以上手を出そうとはしなかったという。

玉の決意はこのような伝説を生み出すほどのものだった。

同時に、夫の細川忠興も、秀吉であれ誰であれ妻に言い寄るような男は決して許さないという強い意志、というより強烈な独占欲と嫉妬心を持っていた。忠興が玉に「なびくなよ　我がませ垣のをみなへし　男山より風は吹くとも」という、いかにも武者らしい武骨かつ率直に「いかなる男の誘いにもなびくなよ」という歌を詠み、玉は「なびくまじ　我れませ垣のをみなへし　男山より風は吹くとも」と返している。数語を変えただけで的確に意思を伝えている。この歌のやり取りを見ても、独占欲の強い夫とその思いを怜悧に受け止めている妻との間の距離感を感じさせる関係を思わせる。

忠興と玉との夫婦間には、公的な文書である『細川家記』の中にすら強烈な逸話がある。忠興は基本、許しなく下僕が妻の居所に赴くことを禁じていたのだが、ある下僕がそれを破ったため、手打ちにしてその刀の血を玉の服で拭った。しかし、玉は全く動ずることなく、何日もその血で汚れた衣服を着続けたので、忠興もついにわびたところ、ようやく玉は服を着替えた。

また、ある食事時に、玉の碗に料理人の不注意で髪の毛が入っていた。玉はそれを隠そうとしたが、忠興は見とがめて碗を取り上げ、玉が料理人をかばおうとしたのではないかと嫉妬して料理人の首をはね、しかもその首を玉の膝の上に置いたが、玉は平然と食事を済ませ終日そのままの状態でいた。忠興はこのようなやりとりのなか「お前は蛇だ」と玉に言ったところ、玉は「鬼の女房には蛇がなります」と答えた。

これは単に気性の激しい武将とその妻の間で起きた事件というだけではなく、忠興と玉の内心のドラマが時として外界にこのような凶暴な形で表れたとみたほうがよい。玉は、謀反人の娘である自分を世界は決して受け入れないし、また、自分も勝者が常にすべての権利を持つような世界を決して受け入れまいとする強い意志を抱いていたように思われる。また、細川家の妻として生きながら、同時に夫や義父が、父親光秀を見捨てたことに対しても、理解はしつつも許せない思いを抱き続けていたのではないだろうか。

一方夫である忠興の行いは、当時としても乱暴で残酷なものだが、同時に妻に対する激しい情念を感じさせる。玉は謀反人の娘であり、細川家が秀吉の家臣として仕えるのならば、離縁した方が安全なはずなのに、忠興はそのことは考えもしなかったようだ。玉がキリシタンに改宗してからも同様である。忠興は妻への深い愛情を持ちつつ、同時に自分が決してうかがい知れない妻の内面があることにいら立っていたように思われる。この夫婦はある意味、世間体や建前よりも、己の感情や信念に忠実であるという意味では、よく似た性格ともいえるのかもしれない。その意味では、玉の「鬼の女房には蛇がなります」というのは、お互いをよく知る者の言葉ともいえるのだ。

　このような世界への疎外感を抱いた玉は、ついにその運命を決定づけたキリスト教との出会いを迎えた。

細川ガラシャの誕生

　本稿の記述は安廷苑著『細川ガラシャ』（中公新書）に多くをおっているが、著者の安氏も述べているように、玉がキリスト教と出会い「細川ガラシャ」として生きた短い人生についての資料は、ほとんど当時のイエズス会宣教師の記録に頼るしかない。どのような過程で玉がキリスト教を知ったのか、いくつかの推測は可能なものの（味土野追放の際に付き従った侍女の一人がキリシタンだったという説がある）現段階で確定できるものはない。

　事実として記録されているのは、一五八七年二月二十一日、細川忠興が九州平定のために秀吉軍の一員として出陣していた折、玉は大阪の教会を秘密裏に訪れた。イエズス会宣教師、アントニオ・プレネスティーノが同年十月にヨーロッパに向け書き送った書簡には次のように述べられている。

　まず、玉は当時「深く流慮に閉ざされ、ほとんど現世を顧みようとはしなかった」。そして、しばしば夫である忠興とも口論になっていたが、同時に忠興との会話を通じて、キリシタン大名として著名な高山右近と、彼の信仰しているキリスト教について知ることになった。玉はさらに深くこの教えを学びたいと思うようになり、ついに教会に行くことを決意する。

　忠興の九州遠征中、まず玉は病気と偽り、部屋に引きこもって信頼できる侍女以外との面会を一切断り、その上で警護の武士に気づかれぬように、侍女に化けて屋敷を脱出して、大阪の教会を訪れた。

　この時実際に玉を迎えたのは、スペイン出身のイエズス会士セスペデスだが、彼自身が本国のイエズス会に送ったとされる書簡は現在残っていない。ただその内容は、ルイス・フロイスの日本からの年間報告の中に残されている。この時、直接玉の相手をしたのは日本人修道士（イルマン）高井コスメである（セスペデスはおそらく日本語能力的に対話が難しいと考えたのかもしれない）。コスメは優秀な修道士でよくキリスト教を理解していたが、玉との対話は次のような強い印象を残すものだった。


　この夫人は、大変熱心にイルマンと議論を始め、日本の諸宗派の様々な議論を提示し、我々の事柄についての様々な質問と議論をした。かくして、イルマンは、「私は、日本でこれほど理解力があり、これほど日本の諸宗派について知っている女性にはあったことがない」といって感嘆した。（『細川ガラシャ』）

対話によってキリスト教に深く共感した玉は、その場で洗礼を受けることを申し出たが、セスペデスは、いかにも身分の高いこの婦人を、秀吉の側室ではないかと考え、その場では断った。一夫一妻制を重んじるカトリックとして、側室や妾に洗礼を授ける場合には、当時の教区長の許可が必要だったのだ。やがて日が暮れて細川家の迎えのものが来てしまったため、玉はそのまま屋敷に戻った。セスペデスは教会の下僕に後をつけさせ、この婦人が細川家の屋敷に入ったことを確認し、有力な大名の奥方が教会を訪れたことを喜んだと記されている。これが、生涯においてただ一度の玉、のちの細川ガラシャの教会訪問となった。

ここで多少の矛盾を感じるのは、この時玉と侍女たちは秘密裏に細川邸を脱出したはずなのに、その細川家から迎えが来ていることだ。おそらく、この時玉を迎えに来たのは、味土野にも伴った玉の最も信頼する武士、小笠原少斎である。細川家の中でも玉への敬意の念は強く、この脱出劇も、ある程度は黙認されていたのではないかと思われる。

フロイスの『日本史』に以下の記述がある。

奥方は司祭たちに、「デウスの教えについての関心を一層深めていきたいので、御身らのお手元にある、日本語に訳され日本の言葉で書かれている霊的な書物を、是非とも送っていただきたい」と求めた。司祭たちはキリシタン文学としても名高い『コンテムツス・ムンヂ』を送った。ガラシャは「それがいたく気に入り、片時もその書を身から放そうとせず（中略）未知の格言について生じる疑問をすべて明瞭に書き留め、侍女のマリアにそれを持たせて教会に遣わし、それらに対する回答を自分のところへ持って帰らせた。（『完訳フロイス日本史10』）

この『コンテムツス・ムンヂ』（トマス・ア・ケンピス『キリストに倣いて』）については前章でも簡単に触れたが、同書が玉の信仰や生き方に大きな影響を与えたことは確実である。『コンテムツス・ムンヂ』が正式に出版されるのは一五九六年の天草（ローマ字版）そして日本語としてさらに完成されたのは一六〇一年の京都版であるが、この時期にはすでに翻訳、もしくは抄訳されていたことがわかる。

ここでの「マリア」とは、玉の侍女の一人、清原いとのことである。いとは玉のただ一度の教会訪問にも同席しており、その後洗礼を受けてマリアという洗礼名を受けた。その後も玉の侍女たちは次々と洗礼を受け、かつ熱心に教学に励んだ。イエズス会としてはこれほど理想的な展開はなかっただろう。ブレネスティーノは、侍女たちが、玉がキリスト教に出会ってから以前の憂鬱な気分をぬぐいさり、明るく快活になったことを家中全体が喜んでいる、夫忠興が戦場から帰還し、妻の著しい良き変化を見れば、自ら改宗されるだろうと語っていることを記している。これこそイエズス会が望むことでもあった。

そして、奇しくも同年六月、秀吉による伴天連追放令が発せられ、高山右近は追放された。しかし、玉の信仰は揺らぐどころかますます強固なものとなった。むしろ、神父たちが日本を追放される前に、どんな手段を使っても洗礼を受けなければならないという決意を玉は固めたのだ。一時、玉は自ら革櫃に隠れて、荷物として細川邸から運び出してもらうことまで考えたというが、あまりに危険だと止められた。司祭オルガンティーノは、マリアこと清原いとに洗礼を授ける手順を教え、いとは司祭に代わって玉に洗礼を授けた。時期は六月末か七月のこととされる。これによって「細川ガラシャ」が誕生した。ガラシャという洗礼名はラテン語のグラティア、スペイン語のグラシアで「恩寵」を意味する。

この洗礼名は、玉自身が決めたのではないかという説得力ある説を唱えているのが、東京大学特任教授の郭南燕である（『明智光秀と細川ガラシャ』筑摩書房）。郭によれば、玉が愛読していた『コンテムッス・ムンヂ』の当時の写本には「神の恩寵」「いつくしみ」という概念が「Graça」という表記で頻繁に登場しており、玉はここから洗礼名をとったのではないかという説だ。実際、深くキリスト教を理解しようとしていた玉が、自ら洗礼名を名付けようとした可能性は高い。

そして、ガラシャは味土野で産んだ次男、興秋が重病になったとき、やはり同じマリアによって洗礼を受けさせている。しかし、これは奇跡を願ってというよりも、幼くして旅立つ我が子の霊魂を救うためであった。幸い、興秋は回復する。しかしガラシャは、ほかの息子や周囲に改宗を強制した形跡は実はない。ガラシャにとって信仰は、あくまで自分の内面の問題だったのだ。戦国時代の現実を超越し、己の運命をも信仰によって越えようとしたガラシャは、次には夫との離婚を決意する。

ガラシャがセスペデスに対して送った手紙が、一五八七年、日本からイエズス会に送られた年報の中に収録されている。上述の『細川ガラシャ』に、優れた現代語訳が掲載されているが、そこでガラシャは伴天連追放令にも恐れず日本に残ることを選択した修道士たちへの敬意と感謝を述べ、「私がキリシタンになったのは人の説得によるものではなく、私が出会った全能かつ唯一の神の恩寵と慈悲によるもの」であり、この信仰は決して揺らぐことはないと述べている。

さらに、夫忠興が帰京後は、キリシタンである乳母や侍女を追放していること（乳母については耳と鼻を切った）自分は彼女らに応分の支援をして信仰を守り続けるよう励ましていることを述べたうえで「私とマリアは、越中殿（忠興）によるものであっても関白殿によるものであっても、いかなる迫害が続発しようとも準備ができて」おり、最後には殉教者にならんとする覚悟までほのめかされている。

苦悩、そして解放としての死

前述のようにガラシャはこの時期、一時は夫忠興との離婚を決意していた。当時京都に潜伏していたオルガンティーノとガラシャは連絡を取り合っていたが、一五八九年二月ごろに「司祭たちのいる西国に行きたい」という手紙を送ったことが、フロイスの記録により残っている。しかし、イエズス会としては、有力な大名の奥方が、信仰を理由に離婚して西国に逃れ、司祭たちとともに信仰を守ろうなどとされては、徹底的な弾圧が待っていることが明らかだった。また、カトリックは本来離婚を禁じており、その面からもガラシャの希望に応ずることはできなかった。オルガンティーノはガラシャの決心を変えようとして『コンテムツス・ムンヂ』の「一つの十字架から逃れるものは、いつもほかのより大きな十字架を見出す」を挙げて説得、思いとどまらせたという。

『コンテムツス・ムンヂ』の該当箇所は次の部分である。

一つのクルスを捨つるにおいては、また別のクルスに遭ふべきこと疑いなし。もしくは猶勝りて重きクルスもあるべし。人として一人も遁れざるクルスを汝一人逃れんとするや。善人たちのうちに何れか難儀クルスを遁れ給ひしぞ。我らが御主ゼズ・キリシトもご在世の間、実に一時片時もごパッシオン（受難）のご苦痛を遁れ給ふことなかりしなり。その故は、キリスト苦しみを凌ぎ給ふを以て、蘇り給ひ御身のゴロウリヤ（栄光）には入り給ひしこと肝要なり。しからば、汝何とて尊きクルスの道より外を尋ぬるぞ。ゼズ・キリシトのご在世中は、クルスとご苦患の身にてありしに、汝は寛ぎと歓喜を尋ねるや。

オルガンティーノやイエズス会にとっては、現在日本にいる信者たちとイエズス会士が徹底的な弾圧に会うことを防ぐためのガラシャ説得であった。だがガラシャは、おそらくこの文章にさらに深いものを読み取っただろう。謀反人の娘、かつ父を見捨てた夫の妻として生き、その疎外感からの救いをキリスト教に求めたガラシャにとって、「クルス」こと十字架は常に担わなければならないものだった。現世は常に受難と孤独の中で生きるしかないのだ、という教えはガラシャには素直に受け取れるものだったろう。オルガンティーノの説得に応じ、ガラシャは離婚を断念する。

だが、ガラシャは伴天連追放令以後「殉教」の意識を強く持つようになったはずだ。この意識は戦国武将の妻として、死がいつ迫るかもわからなかったことも大きい。一五九五年、謀反の疑いありとして豊臣秀次に切腹が命じられた時、秀次に仕えていた細川忠興の身にも危険が迫った。この時、万が一忠興にも切腹が命じられれば、ガラシャも自害することになりかねなかった。ガラシャはオルガンティーノに、このような場合は自害は信仰上許されるかを問うており、オルガンティーノは、仮に忠興が自殺を命じても自害してはならないと答えている。自殺は神に逆らう重大な罪だからであり、かつ、戦国時代においても、たとえば城が落城するときに、城主は切腹しても、婦女子は遁れたり投降することは許されていた。その論理で言えば、忠興の罪をガラシャまでが背負う必要はない（少なくとも自害することはない）という論理も成り立つはずだった。

しかし、ガラシャには「仮に敵の手に落ちて人質になるようなことがあれば、その時死を選ぶのは信仰上許されるか」という問いがあった。秀吉死後、関ヶ原の決戦に向かう緊迫した情勢の中、家康側についていた細川忠興は、仮に留守居に戦端が開かれ、ガラシャが人質に取られかねない事態に及べば、直ちにガラシャを殺害するよう家臣たちに命じていた。

この問題について、オルガンティーノとガラシャの間に交わされた書簡は残っていない。安廷苑は、オルガンティーノが自ら破棄したのではないかと考えているが、おそらくその通りだろう。

その疑問に対する回答に大いに満足して心が落ち着いた。こうして、その後、自らの罪のつぐないとしてその死を受け入れ、制し難いほどの強い勇気をもって、しかも我々の主の御旨に従って、その手にあるものとして亡くなった。(一六〇〇年イエズス会日本年報)

ガラシャの最期については、イエズス会の記録、細川家記、そして仕えていた侍女霜が約半世紀後に残した記録『霜女覚書』などが伝えている。まず、一六〇〇年七月、徳川家康及び家康に従う諸大名が越後の上杉家を討つために北上した際、石田三成は反家康の戦争に決起、大阪に残されていた諸大名の家族を人質に取ろうとした。細川家に対し、石田三成の使者は、ガラシャに人質となることを求める。もちろんガラシャと細川家はこれを拒絶。次に石田側は妥協案として、ガラシャを細川家の親類筋にあたる宇喜多秀家の屋敷に移ることを命じた。宇喜多は石田側の武将ではあるが、親類筋への移転ならば面目もたつという計らいだったのだろう。しかし、ガラシャはこれもまた拒否する。石田方は、それならば武力をもってでも人質に取るだろうと恫喝してきた。ガラシャはすでに覚悟の上で最期を迎える。

ガラシャは、祈りを終えると、気を取り直して礼拝堂から出て、彼女といる侍女や女性たちに、自分一人で死にたいといって、退去するよう命じた。（中略）侍女たちは、そうした場合は主人と共に死ぬことが日本の慣習でもあるから彼女と共に死にたいといって、退去することを拒否した。ガラシャは、家臣たちから深く愛されていたので、家臣たちが彼女に死のお供をすることを望んだが、奥方は、無理に屋敷の外に逃げさせた。その間、家来たちはともに全部の部屋に火薬を撒き散らした。彼女たちが屋敷を出た後、ガラシャは、跪いて何度もイエズスとマリアの御名を繰返し唱えると、頸を露わにした。その時、一刀のもとに首が切り落とされた。（一六〇〇年イエズス会日本年報）

ガラシャを介錯したのは味土野以来の腹心というべき小笠原少斎である。その後、家来（武将）たちは意外に絹の着物をかけ、全員が切腹。さらに火薬に火がかけられ、細川邸は炎上した。オルガンティーノはこのありさまを、ガラシャが無理に逃げさせた侍女から聞いたのである。『霜女覚書』によれば、自分および「をく」という侍女に、ガラシャは、忠興への書置きを託し、かつ、自分の最期の模様を伝えるよう命じて最期の模様を忠興に伝えるために落ちのびるよう命じた。『霜女覚書』には、ガラシャは「長刀にて介錯」されたと記されており、目撃者の言葉として信用してよいであろう（『細川家記』では、少斎が長刀でガラシャの胸を突いたとしている）。

ガラシャの堂々たる死は石田三成の作戦を狂わせた。三成はその後、武将の親族を人質にとることを諦めている。戦略、戦術において一つの歯車が狂うことがどれほど大きな意味をもたらすかを考えると、東軍の勝利に与えたガラシャの影響は決して少なくはない。

ガラシャとオルガンティーノが、どのようにしてこの自死を信仰と矛盾しないものとして選択したのかは、様々な推測が可能だろう。自決ではなく武将に介錯させたから自死ではない、などという程度の論理ではあるまい。安廷苑は、宣教師ヴァリヤーノが、戦国時代の日本においては、死が免れ得ない場合、敵の手にかかる不名誉を避けるために、友人や親類によって殺してもらう場合がありうる、これはやむを得ない場合であり、自殺とはいえ本人の信仰上の罪とはみなせないのではないか、という問いを発している。戦国の現実を見据えていた宣教師として、キリシタンになった武将がそのような選択をすることを否定はできなかったのだろう。安は、この論理をガラシャが受け入れた可能性を示唆するとともに、ガラシャがかつて離婚を思いとどまって忠興の妻であり続けることを「クルス」

として受け入れたように、最後もまた、武士の妻としての使命として死を受け入れたのではないかと推測している。

そして、ガラシャを介錯した小笠原少斎のほかにも、運命を共にしたのは河北無世、金津助次郎、いずれも明智光秀の家臣だった武士である。ある意味、ガラシャは最期に、「光秀の娘」「謀反人の娘」として世を去る覚悟だったのかもしれない。侍女たちの多くはキリシタンであったろうし、仕えた武士は明智家、いずれも当時の社会からは疎外されていた人々である。ガラシャはこのような人たちを「同志」として、武士の妻としての論理とキリシタンの信仰、さらには、勝者がすべてであり、勝つためにはあらゆる手段が許されるという戦国武将の論理に対し、まったく別次元の精神の価値を突き付けたように思える。ガラシャはキリスト教をもっとも真摯に、己の問題として受け入れた女性だった。その精神のドラマは、乏しい資料からも私たちに伝わってくる。

ガラシャの死後、細川忠興は、その一周忌を京都の教会で行うようにオルガンティーノに要請している。本来、カトリックに一周忌などの儀式はないが、日本での文化習慣に従って教会でもしばしばミサが一周忌には行われていた。細川忠興と家臣たちは妻ガラシャの美徳を讃える説教に涙を流しながら聞き入ったと記録されている。この時忠興の心中を巡った思いはどのようなものだったのか、それは忠興一人にしかわからないものだろう。

第十二章　徳川幕府が禁教を決断するまで

岡本大八事件とキリスト教禁教

秀吉の死後、関ケ原の戦いを経て事実上日本の支配者となった徳川家康は、一時的に宣教師たちの活動を黙認した。家康は秀吉の伴天連追放令を取り消したわけではないが、秀吉同様、南蛮貿易には関心があり、過激な布教活動さえやめてくれれば、一定程度宣教師たちの存在を認める意思はあったのだ。

同時期、ポルトガル、そしてスペインの海上覇権を大きく揺るがす事態がヨーロッパで起きていた。オランダの独立である。一五八一年、スペインからネーデルランド連邦共和国が独立、一六〇二年にはオランダ東インド会社が設立され、ポルトガル、スペインのライバルとして登場する。

ここで重要なのは、トルデシリャス条約以後、この地域は、スペインが進出したフィリピン以外はポルトガルの領域と定められていたのを、新教国であるオランダが、そのような条約は根拠がなく法的にも成り立たないことを打ち出してきたことである。その論拠が、フーゴー・グロティウスによって一六〇九年に書かれた『自由海論、インド貿易に関してオランダに帰属する権利について』だった。

国際法の父と言われたグロティウスの同書は、トルデシリャス条約に何ら法的根拠はないことを見事なまでに証明するものだった。ローマ教皇がポルトガルとスペインに世界を二分割したことは、そもそも教皇は世俗的、政治的な意味での世界の支配者ではないのだから、法的な根拠はない。宗教上も、アジア、アフリカの異教徒には、カトリックに忠節を誓い教皇の指示に従わねばならない義務はない。

また、ポルトガルがインドに向かう航海路を最初に発見したといっても、海洋は本来私的であれ公的であれ、誰かの所有物になるべきものではなく、海洋の自由を認めなければ通商の自由も成り立たない。そして、ポルトガルが東インドにおける独占権を持つ根拠は何もない。東インドは古来から独自の国家として独立してきており、現段階でポルトガルがその全土を支配しているわけでもないし、貿易の独占権をもつはずもない。

江戸幕府は最終的には、西洋との貿易相手国をオランダに限ることになるが、家康が当初から、スペイン、ポルトガルと絶縁する意志を有していたわけではない。秀吉の死んだ直後には、家康はフィリピンと交渉し、フランシスコ会を通じて関東の地でフィリピンとの貿易を行い、その後もマニラと積極的に連絡を取っている。

この家康の姿勢は、秀吉晩年のサン・フェリペ号事件と、その後のキリシタン処刑により悪化していた関係を修復した。家康は原則、外国船が嵐などにあった時の緊急避難と、外国人の自由な貿易と居住の二つを承認し、キリシタン布教は禁止するという路線を取った。しかし実際には、布教を直接的に弾圧するようなことは見られず、一六一〇年までに信者は三十七万人に達した。

しかし、キリシタン内部には複雑な問題が起きていた。フィリピンとの交易により、フランシスコ会、ドミニコ会などスペイン系修道会が日本布教に乗り出し、さらに、オランダやイギリスという、布教にはあまり関心がなく、もっぱら交易を目的とする勢力も参入してきたことにより、様々な対立が生まれてきたのである。

家康自身は、各キリシタンの党派性には興味はなく、ある種の「全方位外交」を取り、目立った布教活動をしなければ黙認している状態だった。かつ、家康は長崎外町の代官にキリシタンである村山等安を任命し、長崎内町も同じくキリシタンの町年寄四名に治めさせた。事実上長崎はキリシタンの町になり、イエズス会、フランシスコ会、ドミニコ会、アウグスティノ会が同じ町に教会を建てることになった。この後、各宗派は分裂・抗争を繰り返し、それに日本人信者も巻き込まれていくことになる。

ここで重要な事件が起きる。マードレ・デ・デウス号事件と、それに連鎖されて起きた岡本大八事件である。事件の発端は、一六〇八年十一月、インドシナの占城（チャンパ）に、交易のため派遣された肥前有馬氏の船がマカオに寄港中、日本人船員と同地のポルトガル人との間に様々な衝突が生じたことだった。当時マカオの総司令官だったアンドレ・ペソアはこれを鎮圧、日本人側に多数の死者が出た。

翌一六〇九年五月、そのペソアが航海司令官として長崎に来着。ペソアは、昨年の自分の処置は治安維持のための正当な行為と考えていたが、家康には一応申し開きをしておこうと、長崎奉行の長谷川藤広に前年の事件に関する調書を提出し、自ら駿府に赴いて説明をしたいと申し出た。しかし藤広は、それはかえって事態が悪化し貿易に差し支えると述べ、その件は伏せておくようペソアを説得する。しかも藤広は、これまでのマカオとの取引の慣例であった、マカオ商人の提出した貨物目録に基づいて、長崎奉行と日本側商人を交えて価格協定をするやり方を無視し、マードレ・デ・デウス号の貨物を自分で一方的に買い取ろうとした。ペソアはこれを拒否し、二人の関係は険悪となる。

ここで藤広は、マカオでの事件を不快に思っている有馬晴信を使い、彼に、現在訪日しているペソアがかつてマカオで日本人を殺害した件を讒言させた。怒った家康はペソアを召喚しようとするが、身の危険を感じたペソアは直ちに長崎を出港しようとした。有馬晴信は手勢を率いてマードレ・デ・デウス号を攻撃、一六一〇年一月、ペソアは火薬庫に点火して船を貨物もろとも轟沈させ、自らも運命を共にした。

事件そのものは、マカオでの衝突を利用してポルトガル貿易の富を独占することを試みた長崎奉行と、ポルトガル商人との間の単なるトラブルと言ってもいいだろう。しかし、家康はこの事件に激怒し、以後二年間、長崎港へのポルトガル船入港を禁止、秀吉、家康と二代の天下人に信任厚かったロドリゲス神父はマカオに去った。これによって、イエズス会は家康や幕府との大きなパイプを失うことになった。

そして、有馬晴信は、このマードレ・デ・デウス号の戦功により、今や鍋島家の領土となっている旧領地の返還を幕府に求めようとした。しかし、これは戦国時代の発想であり、「秀吉の平和」以後は、関ケ原のような天下を二分するような戦争でない限り困難な要求である。晴信は、家康の寵臣・本多正純の家臣であり、かつ同じキリシタンでもあった岡本大八に多額の金品を渡し、斡旋を図った。ここで大八は、さしたる見込みもないのに金品を受けとり、簡単に物事が進むかのように偽っていた。

晴信は全く事態が進まぬのに苛立ち、一六一一年十一月、事の進み具合を確かめようと自ら駿府に上ったが、かえって事態が発覚、大八は金品詐取で処刑され、晴信も大八の証言により長崎奉行謀殺の嫌疑をかけられ（晴信はマードレ・デ・デウス号事件以後、長崎奉行・藤広と事件の責任問題や積み荷消失などから対立関係にあった）、一六一二年六月、領地召し上げの上切腹を申しつけられた。

この時の晴信の最期は、彼なりにキリシタンとしての信仰を貫くものだった。自殺を禁じている教えに従い、彼は切腹を拒否した。その上で、家臣たちには殉死や幕府への無益な抵抗を禁じ、これまでの主君としての過ちや至らなさを詫びた後に、家臣の一人に自分の首を斬らせた。

家康はこの事件に衝撃を受けた。大八も晴信も同じキリシタンであり、それぞれ重要な地位の人物であり、しかも同じ信仰を持つものとして連携を取り合っていたことから、このような信仰を介したネットワークが幕府体制の知らぬところで作られていく危険性を感じたのだろう。晴信が切腹ではなく、その信仰に準じた死を遂げたことも、彼らの信仰が従来の武家階級とは異質の価値観に根差していることを認識させたのかもしれない。

一六一二年四月二十一日、まず、江戸、京都、駿府をはじめ、江戸幕府直轄地に、教会の破壊と布教の禁止を命じた禁教令が布告された。さらに九月には、各大名も禁教令に従うべきことが通告される。しかし、ほとんどの地では、それほど厳しい取り締まりは行われず、協会施設の破壊も一部にとどまっていた。

しかし、この禁教令をもたらした岡本大八事件の舞台である有馬藩だけはそうもいかなかった。晴信の息子・有馬直純は、家臣中の主だったキリシタンに、一日だけでもいいから棄教の意を示し、その後は思うようにせよ、それで領内は平和になり、幕府に自分の顔もたつのだと懇願した。しかし、家臣たちの内三名はついに受け入れず、家族もろとも火刑に処せられた。一六一三年十月のことである。

ところが、その火刑場には、二万人もの群衆が詰めかけた。彼らは見物に来たのではなく、キリシタンとして、殉教者たちの姿を仰ぎ、聖遺物を受けようと集まってきたのだ。三人の家臣とその家族が炎の中殉教すると、群衆は官吏の制止も聞かず刑場に雪崩打ち、まだ燃えている火を消して、遺体を聖遺物として持ち去った。

同じ年には、京都で刻印なき違法の銀を入手したキリシタンが処刑されたときも、何ら殉教とは関係ない犯罪者の処刑に過ぎなかったのに、多数の信者が集まり祈りをささげるという事態が起きた。このような宗教的情熱は、家康のキリシタンへの危機感をさらに募らせた。

一六一四年一月、全国に向けた禁教令が出され、その後宣教師たちの日本追放、教会堂の破壊へと禁教は進んでいく。同時期に起きたのが、戦国乱世という時代に完全に幕を引く大坂冬の陣・夏の陣であった。キリシタンに寛容だった豊臣秀頼の側には、キリシタン武士が多く参加し、城内にもイエズス会、フランシスコ会、アウグスティノ会の司祭がおり、信者たちを励ましていた。これも家康にとっては利敵行為と映ったことだろう。宣教師の多くは豊臣側の勝利を祈ったはずだが、もちろん戦いは豊臣家の滅亡で終わった。家康は、宣教師たちの徹底的な追放を決行した。穏便な処置を求めるポルトガル人の声にも耳を貸さなかった。家康は、秀吉時代の禁教令が充分な効果をあげなかったのは、徹底した宣教師の追放と、長崎教会堂の破壊が行われなかったからだと考えていたようだ。

一六一四年十一月、宣教師たちは日本を追放された。その数九十六名。高山右近らの一族も乗船していた。イエズス会他各修道会は、今後の宣教のために少数の宣教師を日本に潜伏させせたが、これも家光時代の大弾圧で消えていくことになる。

しかし、戦国時代からこの徳川初期にかけて、なぜ三十数万人のキリシタン、それもかなり熱烈な信徒がなぜ生まれたのかは、様々な理由が考えられるだろう。渡辺京二は著書『バテレンの世紀』のエピローグにて、戦乱と下克上のアナーキーな時代だからこそ、民衆に宗教的熱情が生じ、現世を越える救済への渇望が強烈に求められたこと、そこに、世界を創造した唯一神が存在するという、日本人がそれまで知らなかった概念がもたらされたことを指摘している。

確かに、禁教の時代に表れた多くの殉教者たちの姿は、信仰が人間に生命を超越した価値観を持たせることの偉大さを示しており、明日の生死もわからぬ戦国乱世の時代、激しい人間精神のドラマが、人々の内面もまたその生き方においても繰り広げられていたことを感じずにはいられない。戦国乱世の時代、弱肉強食の「自力救済」の時代だったからこそ、その時代に生きる者はより強烈な信仰を求めたはずだ。現実の勝者、敗者を超えた絶対者キリストが存在し、そのキリストの名のもとに救済がなされるという呼びかけは、いつ命を落とすともしれぬ戦国の世にまさに福音の響きをもたらしたのかもしれない。さらには、たとえその日本語は拙くとも、聞いたこともない遠方の国から、当時の常識で考えると生命の危険も冒しつつ、この日本という異郷の地に信仰を伝えるためにやってきた司祭たちの情熱と献身にうたれた人もいただろう。

だが同時に、渡辺は、徳川家康は確実に、キリスト教は日本とはあまりにも異質で、しかも強烈な侵略性を持つという認識を持っていたことを指摘している。イエズス会の説くキリスト教は、カトリック信仰に目覚めぬ人間は人間ではないという、強烈な世界「一元化」思想に基づいている。だからこそ宣教師は、命を落としても真理を広げるために世界にこの教えを伝え、人間以下の存在に堕ちている非キリスト教諸民族を、キリスト教化し「救おう」とする。その姿勢は、信者にも投影されていく。

僧侶・金地院崇伝によって書かれたとされる禁教令発布の主旨には、キリシタンについて次の二点が批判されている。

（一）叨りに邪法を弘めて正法を惑はし、以て域中之政号を改めて己が身を作さんと欲す。
（二）伴天連の徒党、皆件の政令に反し、神道を嫌悪し、正方を誹謗し、義を残ひ善を損ふ。刑人あるを見れば、載ち欣び載ち奔り、自ら拝し自ら礼し、是を以て宗之本懐となす。邪法に非ずして何ぞ哉。実に神敵仏敵也。

高瀬弘一郎は『キリシタンの世紀』の中でこの二点について、まず（二）については、先述した殉教者に対する信者の熱狂が、既存の法的秩序を無視する危険性について触れており、さらに（一）については、「政号を改めて己が身を作さんと欲す」という言葉に関して、「政号」とは日本の政治体制であり、その体制がキリシタン諸国の国外からの侵略の危機にさらされ、同時に豊臣秀頼軍へのキリシタン武士の参加に見られるように、国内のキリシタンが徳川体制の実質的な敵対勢力となっていることとの二つの意味が込められていると分析している。その上で、家康はさらに深い対立点、あえて言えば「文明の衝突」を、キリシタンと日本との間に見出していたのではないだろうか。この点を述べているのが、渡辺京二の以下の文章である。

カトリック信仰はローマ教皇組織を頂点とする階層組織であるから、それを世界に普及するのは世界をローマ教皇への忠誠によって一元化することを意味する。家康はこのような世界一元化のダイナミクスを、日本における宣教活動のうちに認めて、嫌悪しかつ恐れたのではなかったか。
（中略）家康が、日本は神仏の国というとき、もっと広い意味で、キリスト教という頑固な一神教との違い、コスモロジーから自然観・人間観に至る違いを意識していたことは想像に難くない。（『バテレンの世紀』）

そしてこの時代に、キリシタンの側において、同じ問題を全身で受け止め、そして砕け散ってしまった一人の信徒がいた。彼の名はトマス荒木である。

「転び伴天連」トマス荒木

トマス荒木（ピエトロ・アントニオ）は、生年も生地も不明である。確実なのは、彼が一六一二年の段階で、既に日本人として司祭の資格を得ていたことだ。これは同年長崎からイエズス会本部に送られた書簡に「日本人パードレ・アントニオ（トマス荒木）は」という言葉があることでほぼ証明できよう。

荒木は他の日本人キリシタンとは異なり、日本でイエズス会経営の神学校に通ったのではなく、ローマで直接カトリック神学を学んだ。これについても、一六一三年に京都からイエズス会士チェルソ・コンファロニエリが、同総会長補佐に宛てて送った書簡に興味深い記述がある。

「最後に左程重要でない別のことを申し述べたい。即ち、先年ピエトロ・アントニオ・アラキという一人の若者が自分の意志で日本からローマに行った。ローマからの書翰によると、彼は小国王の子と思われ、その後を継ぐなどと思い違いをしているようである。というのは、彼は身分低い生れで、母親は自らの労働で自活していた。またこのピエトロ・アントニオは、能力が示されなかったためにセミナリオ（イエズス会の神学校）に入ることが許されなかったか、又は入学は許されたがそこに留まることができなかったかのいずれかである。彼は日本に帰りたいと言い出すかもしれない。しかし、それによって何らかの弊害をきたし、異教の諸地方の教化にはならないで躓きとなり、破壊を招き、カトリック教それも殊に聖職者の間に混乱をきたすということを尊師に申し上げたい。というのは、人は褒めるよりも悪口を言い勝ちなものだからである。従って、我々は彼がこの地に戻ってくることを恐れている。（後略）」（高瀬弘一郎『転び伴天連トマス・アラキについて』)

そして荒木は、ローマで何か適当な教会の職に就き、日本に戻らないようにしたほうがよろしいのではないか、と書き送っている。

この手紙から類推できることがいくつかある。まず、既に司祭になっているはずのトマス荒木について「一人の若者」という書き方をしている。これは情報が伝わっていなかったか、あえて軽んじるような書き方をしたかのいずれかだろう。

そして、トマス荒木が貧しい庶民の生まれであったこと、ローマに独力で赴いたこと、日本のイエズス会神学校の卒業生ではなかったことがこの書簡より読み取れる。私の想像だが、貧しく身分の低い彼は、神学校への入学を阻まれたか、あるいは入学はしたものの、経済的もしくは何らかの理由で去らざるを得なかったのだろう。しかし、いかなる手段を使ってかローマまで行き、そこで司祭になるほどの語学力と向学心を持っていたトマス荒木が、日本の神学校を卒業する能力がなかったとは考えられない。おそらく、日本の神学校でポルトガルの宣教師から受けたある種の「差別」が、彼の原点になったのではないかと思われる。逆に言えば、だからこそトマス荒木は自力で神学を学ぶためにローマに赴いたのだ。おそらく、彼のローマ行きを支援した司祭もいたはずだと思うが、その詳細は今となってはわかりようがない。

さらにこの書簡には、トマス荒木が日本に戻れば混乱が起きる、布教にもマイナスだと書かれている。常識的に考えれば、日本人司祭が増えることは布教にはプラスになるはずだ。ここには、自分たちが軽く扱い、学問の機会を与えなかったトマス荒木が、自力でローマの神学校を目指し、そこで司祭として認められたことへの反感と、彼が日本に戻れば、自分たち日本のイエズス会士たちに批判的な態度をとるのではないかという懸念が表されているといえよう。

一六一四年八月、トマス荒木はマカオに着く。当時のマカオでは、日本人信者が、イエズス会への入会を拒否され、学習を求めても応じてくれないなどの不満を持ち、ポルトガルの宣教師たちと険悪な関係になっていた。マカオには、ヴァリニャーノによって日本人聖職者を養成するためのコレジオ（神学校の高等教育機関）が建てられていたのだが、彼の死後、イエズス会は再び、日本人が入会し司祭となることには否定的になっていたのだ。

トマス荒木は、失望する日本人信者に対し、イエズス会にとらわれることなく、インドやヨーロッパに行ってそこで教区司祭（修道会に入ることなく、各教区にて司祭となる道）を目指すよう述べたという。実際、その影響を受けて旅立っていった日本人信徒もいた。

そしてより重要なのは、トマス荒木が次のように語っていたという記録である。

一六二〇年三月二十日、長崎からマテウス・デ・コーロスがイエズス会に送った書簡にはこう書かれている。

「同教区司祭（トマス荒木）は、マカオにおいてイエズス会の日本人イルマン達に対して次のように語った。即ち、自分はマドリードにいた時、日本征服を企てるよう托鉢修道士達が国王に働きかけたこと、そしてイエズス会パードレ達がそれに抵抗したことを知った、と」（『転び伴天連トマス・アラキについて』）

托鉢修道会（スペインの修道会）の日本征服の野望にイエズス会が反対したのも、それは日本のことを思ってではなく、スペインの勢力、また自分たちとは立場の異なる修道会が日本に入ってくることへの反感に過ぎない。この後のトマス荒木の生涯を見るとき、おそらく彼はそのあたりのこともきちんと説いていたはずで、彼はすでにスペインであれポルトガルであれ、キリスト教布教と植民地支配の欲望が結びついていることに鋭い批判精神を有していたと思われる。日本イエズス会が何より恐れたのは、このような批判精神を持った日本人キリシタンが、司祭となって日本に帰国することではなかったか。この後のトマス荒木の生涯は、イエズス会の危惧が的中したものになる。

トマス荒木の棄教と、狂気の中での神への回帰

トマス荒木が日本に帰国したのは一六一五年八月とされるが、残念なことに、ここから約四年間、長崎で捕らえられるまで、彼が司祭としてどのような布教活動や説教を行ったのかを知ることができる記録はほとんど残されていない。当時、日本ではイエズス会士と托鉢修道会士との間で様々な抗争が繰り広げられており、トマス荒木はその有様を、ヨーロッパでの各宗派の勢力争いがそのまま持ち込まれたもののように感じていただろう。しかし、残念ながら彼の思想は、逮捕後の資料に基づいてしか判断できないようである。

一六二〇年八月、トマス荒木は、長崎で、禁教であるキリシタンの教えを布教した罪で捕らえられた。しかし、一度は脱獄に成功したのだが、その二日後、ローマ・セミナリオの服を着て再び奉行所に自ら現れ、そのまま大村の牢に入れられた。ここでローマの服をまとったところに、トマス荒木の、自分が日本の修道会には属さぬ、自らローマにて教えを受けたのだという自負心を感じさせる。そして約二十日後、自ら棄教、釈放を願い出た。その後彼は背教者として長崎奉行に仕えることになる。

トマス荒木（棄教はしたがこの名称をとりあえず使う）が長崎奉行に伝えたのは、まずヨーロッパ諸国も、キリスト教が説くような平和と愛の諸国ではなく、弱肉強食の侵略国

家だという事実だった。一六二〇年三月二十日、イエズス会士マテウス・デ・コーロスが長崎から送った書簡にはこう書かれている。

「権六（長崎奉行）は彼（トマス荒木）に、ポルトガル人とスペイン人が日本征服を企てたら、オランダ人は彼等と連合するであろうか、と尋ねた。それに対し彼は、皆一軒の家の中の犬のようなものだ。（中略）互に喧嘩をして咬み合いをするが、見知らぬ者から身を守ったり、これを襲ったりするためには、皆力を合わせる、と答えた。（中略）即ち、われわれがキリストの法を説く意図は、キリスト教徒達の助けをかりて、この日本諸島をスペイン国王又はヨーロッパの諸侯に従わせるためだ、というものである」（『転び伴天連トマス・アラキについて』）

トマス荒木が、キリスト教それ自体を否定していたのではなく、自分の眼で見た西洋の現実を通じ、キリスト教布教が植民地主義と裏表の関係にあることを深く認識していたことがうかがえる。

同時に、トマス荒木は日本に潜伏している宣教師たちの情報や居所を次々と奉行に伝え、それによって次々と逮捕者が出た。キリスト教についての知識も、また語学力も抜群だったトマス荒木は、宣教師たちの詮議に当たっても、証人、通訳、さらには棄教を勧める役目を充分に果たしている。もちろん、宣教師たちにとってトマス荒木は汚らわしい裏切り者であった。ある殉教した宣教師は、棄教を勧めるトマス荒木に対し「あなたとは一緒にいたくない。向こうに行ってもらいたい。なぜなら、あなたは神の教会の腐った死体だからである。自分は今天国にいるから、このままここにおらせてほしい」と答えた。

しかし、トマス荒木は最晩年、再びキリシタンの信仰に立ち返ったという記録がある。もっとも詳細な記録は、『最近の一六四九年度年報から抜粋した日本、海南島、カンボジア、マカサル等の布教についての報告』という報告書であるが、そこにはトマス荒木の最初の評伝というべき文章が載っている。

「日本において、一六四九年に一四人のキリスト教徒が信仰の故に死んだ。その場にこの無信仰の背教者（トマス荒木）が居合せた。この犠牲的行為の際中に彼の心が変り(中略)判決の不当なこと、(執行者たちは)永久の罪を受けることを言明した。(中略)兵士や役人達は、この新しい説教者を黙らせようとした。しかし、そうすればする程、トマソの心の炎は益々燃え上った。このため、彼は益々声を張り上げ、一層強い息吹と活力で以って、哀れな偶像教徒達が誤りの中に暮していることを言いつづけた。（中略）自分の意志によりその時迄堕落した生き方をしてきた、と言って、その誤りを叫びつづけた。こうすることによって、自分がキリスト教徒でありカトリック教徒であることを主張した。それだけでなく、自分の信ずる唯一の真の信仰を擁護し、救主に対し加えられた侮辱と、日本全国に加えられた重大な弊害に対して償いをするために、刀・墓穴・十字架・炎に身を捧げ（ることを望ん）た」（『転び伴天連トマス・アラキについて』）

周囲の役人も兵士も、彼が発狂したのかと思ったが、トマス荒木は、自分は完全に正気であると答えた。しかし、彼はついに狂人とみなされ、牢獄につながれ「寒さ、飢え、その他それ以上の苦しみによって間もなく死亡した」。

このトマス荒木の言動の理由は、おそらく、彼自身はっきりと説明できるものではなかっただろう。残されたわずかな資料からも、彼が真摯にキリスト教を学び、かつ同時に、キリスト教の偉大さと裏腹の西洋の実態、布教現場におけるキリスト教各派の醜い争い、西洋人が日本人を含む「異教徒」とみなす人々に対する蔑視、さらには植民地支配への欲望などを、実体験を通じた形で学び取っていたことは確かである。

おそらく日本における布教の際も、トマス荒木は様々な矛盾を感じながら行っていたはずだ。他のイエズス会士のように、自分たちの説く教えが絶対であるなどとは思えなかっただろう。江戸幕府の禁教下、逮捕、殉教を覚悟で教えを説く宣教師たちの姿に、トマス荒木が感銘を覚えなかったはずはない。しかし同時に、この宣教師たちが、若き日の自分を、貧しく身分が低いというだけでどのように見下したか、神学校の扉を閉ざしたかを忘れられなかったのではないか。そして彼らの殉教を恐れぬ精神は、同時に、日本人を愚かな異教徒とさげすみ、軽蔑する姿勢と地続きであることも、日本人司祭として肌身に感じていたに違いない。

トマス荒木の棄教は、キリスト教そのものを捨てたのではなく、キリスト教布教の名のもとになされている、西洋の植民地支配の正当化、ヨーロッパ的価値観の押し付け、隠された人種差別などを否定した行為だった。しかし、トマス荒木が目の当たりにしたのは、宣教師たちだけではなく、自分と同様、貧しさの中、何らかの救いを求めてキリスト教の信仰にたどり着いた人たちが、禁教の時代に処刑という名の殉教に追い詰められていく風景だった。

しばらくの間トマス荒木は、この矛盾に何らかの納得を見出していたのだろう。例えば、この犠牲は、西洋の日本への侵略や、宣教師たちの横暴を防ぐためにはやむをえない犠牲なのだと。しかし、晩年の彼はついにその矛盾に耐えきれなくなり、自殺に等しい形で、再びキリシタンに回帰していった。その生涯は悲劇的なものだったが、最期を迎えた牢獄の中で、トマス荒木は再び神の声を聴いたと私は信じたい。その声は、地上の権力を恐れず、あらゆる偽善を否定し、「こころ貧しきもの」に常に寄り添っていたキリストの声だったはずである。

第十三章　島原の乱—日本キリシタンの千年王国戦争

禁教と殉教のはじまり

徳川家康が一六一六年に世を去り、二代目将軍・秀忠は、改めてキリシタン禁教を全国諸大名に通達するとともに、海外諸国との貿易を長崎と平戸の二つの港に限定することを決定した。この時期から、キリシタン弾圧は激しさを増してゆく。

一六一九年七月、将軍・秀忠が上京した際、京都には六十三名のキリシタンが囚われていた。秀忠は直ちに彼らを処刑するよう命じた。十月二日、六条河原で五十二名が火刑に処せられた（八名は獄中で病死、三名は釈放）。その中でヨハネ橋本太兵衛、妻テクラと五人の子供の殉教が、とくに人びとの目を引いたという。三人の子供と一緒に縛られたテクラは、最期までわが子らを堅く抱き締めていた。

一六二〇年、長崎では残存していた教会、そしてハンセン氏病院や貧困層の保護施設まで、教会に関係しているすべての施設が破壊され、宣教師の所在を密告したものには懸賞金が与えられた。これに引き続き起きたのが、一六二二年九月の元和の大殉教である。長崎にて、それまで牢につながれていたキリシタン五十五名が、火刑もしくは斬首の刑を受けた。
片山弥吉著『日本キリシタン殉教史』（時事通信社）には、幕府が導入した拷問について、次のように紹介している。

穴吊りの拷問「一メートルほどの穴の中に逆さに吊す、というものであったが、そのやり方は残酷極まりない。吊す際、体をぐるぐる巻きにして内蔵が下がらないようにする。すると頭に血が集まるので、こめかみに小さな穴を開け血を抜く、などそう簡単に死なないようにし、さらに穴の中に汚物を入れ、地上で騒がしい音を立て、精神を苛んだ」

火あぶり「柱にくくりつけ、周囲に薪を置いて火をつける。苦しみを長引かせ、信仰を捨てさせるため、薪は柱から離してとろ火で焼いた。背教したければ逃げ出せるよう、くくる縄は弱く縛ってあったという」（『日本キリシタン殉教史』）

また逆に、このような拷問と殉教の記録もある。

深さが六〇センチの水牢が造られ、カルヴァリヨ神父と八名のキリシタンたちが、寒中素裸にされて水牢に座らされ、別々の棒杭に縛りつけられました。役人は「転宗しろ。転宗しろ」と責めたのですが、カルヴァリヨ神父は信者を励ます言葉を語り続けたのです。信徒は皆最後まで殉教の力を失わないように祈り続けたと言われています。そして、一人も転宗する者はなく、皆凍死したのです。カルヴァリヨ神父は、八名の召天を見届けてから息が絶えたそうです。四六歳でした。（『日本キリシタン殉教史』）

この時期の拷問は、引用をためらうほど悲惨で残酷な例が続出する。ただし、この拷問については、渡辺京二『バテレンの世紀』の次の指摘を合わせ読む必要もあるだろう。

禁教令の実施者たちは、いたずらに惨虐を好んで宣教師や信者を拷問したのではない。キリシタンを手っ取り早く根絶したいのなら、宣教師であれ信者であれ、見つけ次第殺せばよいのだ。殺さずに棄教させようとしたからこそ拷問という手段に訴え、相手の頑強さに比例して、拷問の残酷さもエスカレートしたのである。役人たちは信者や宣教師を苦しませて楽しんだのではない。何としてでも棄教させたかったのであって、ここに当時の『迫害』の特異性がある。(『バテレンの世紀』)

大名にとって信者は重要な領地の労働力でもあり、彼らを失うことは武士階級にとっても損失である。宣教師たちの場合は、棄教することによって信者の信念を衰えさせることができる。遠藤周作の作品『沈黙』の題材ともなったのがクリストヴァン・フェレイラで、一六〇九年来日、イエズズ会日本管区代表代理を務めていたが、一六三三年、穴吊りの拷問にかけられて棄教、名を沢野忠庵と改めて、幕府に仕え、キリシタン弾圧にも協力した。

日本における殉教者の数は、高瀬弘一郎がシュッテ神父の研究を紹介する形で千数百名という数字を出しており、また数千人に及ぶという説もある。三十万人というキリシタンのうち数千人が殉教し、他の信者たちも恐怖にさらされていたことを思えば、この時代が信者たちにとって悲劇であったことは確かである(後述する島原の乱は戦死であり、殉教者には含まれない)。

しかし同時に、幕府の側もまた、宣教師たちが、日本での殉教を名誉として密航し、信者たちにも殉教を求めることを苦々しく思っていたのだ。幕府旗本の井上政重は「罪もなしに死んだ多数の日本人と、同数のポルトガル人を十字架にかけてやりたい」と叫んだ。現代の私たちの目から見れば、罪のない信者を殺害したのは幕府や大名の側である。しかし、渡辺は次のように彼らの立場を説明している。

彼らとしては、キリスト教を信じるほかには何の犯罪も犯していない人びとを、殺さねばならなかったのは本意ではなく、その本意でもないことをやむなくさせたのは、あくまでスペイン・ポルトガルの強引な宣教活動のせいだと言いたいのだった。（『バテレンの世紀』）

このような状況下、キリシタンによる一揆が起きる。有名な島原の乱である。

千年王国運動としての農民一揆

この島原の乱については、神田千里の著書『島原の乱』（中公新書）が、最も的確に全体像を伝えている。まず、同書を基本として乱の経過をたどることとする。

肥前日野江四万三千石を治めていた有馬直純が日向国に転封となり、一六一六年、松倉重政が藩主となる。重政は当初キリシタンには容認政策を取る。これも、住民の多くがキリシタンであり、彼らを迫害することは藩にとって損失だという合理的な発想からだった。

しかし、一六二五年から事態は急変する。島原中で徹底的なキリシタン摘発が行われ、改宗を拒むキリシタンが雲仙岳の「地獄」の拷問を受ける。両足に縄を掛けて逆さ吊りにされ、湯壺に浸けては引き出すことが数回続けられ、七人が殉教した。そのうちの一人、堀作右衛門の子供三人は海に投じられた。一六二七年には、長崎で改宗を拒んだ者三四二人が重政のもとに送られ、彼らも幾つもの拷問を受ける。中には、竹鋸で首を挽かれるという刑を受けた者もいた。

これらの迫害により、島原でのキリシタンは、殉教を選ばなかったものはほぼすべて改宗、同じく天草地域でも徹底的な取り締まりがなされ、この島原の乱が起きる十年前の段階で、キリシタンはほぼ抑え込まれている状態だった。

この弾圧から十年後の一六三七年、島原・天草地方は深刻な飢餓に見舞われた。その事態を考慮せず、当時の島原藩主・松倉勝家、（肥後天草諸島を領地とする）唐津藩主・寺沢堅高（かたたか）の両者は過酷な年貢負担を課した。人々は山野の草木の根や葉を食料として命をつなぐような窮状が続いた。しかも、松倉勝家は、年貢を納められない農民の母親や妻子を捕らえ、川の中に作った水籠の中に入れる拷問を行った。これは島原の乱の際も、一揆軍が攻め手の松倉軍に対し「以前は年貢を治めよと、『水籠』に入れて責め苛まれたではないか。その時のように攻めてこられよ。少しは目に物を御見せいたそう。今度は攻めてこられないとは卑怯ではないか」と罵ったという記録もあり、ひどい悪政が敷かれていたのは事実である。

以上のことから、これまでの学説の中には、飢餓と圧政がこの島原の乱の本質であり、キリシタン信仰は副次的なものだと考えるものもあった。しかし、この一揆軍の大半を占めるのは、一度は改宗、棄教を受け入れたが、この時期に再びキリシタンに戻る「立ち帰りキリシタン」であり、彼らは当時島原全土に発生していた。この現象は自然発生的なものではなく、ある終末預言に基づいていた。

一揆方の副将で、幕府軍との内通者として一揆軍に処刑されるところを救出された山田右衛門作の供述によれば、一揆の首謀者は五人の浪人、彼らが「天人」こと全知全能の神から派遣された使者として、少年・天草四郎を擁立したことが、この一揆の始まりだった。

山田証言によれば、天草に潜伏していた五人の浪人が、二十六年前に追放された宣教師が残した「預言」を知っていたが、そこにはこう書かれていた。

「今から二十六年後に、必ず『善人』が一人出現する。その『幼い』子は習わないのに文字に精通したものである。その出現の印が天にも現れるであろう。その時は木に饅頭が生り、野山に白旗が立ち、人々の頭に十字架が立つはずである。東の空も西の空も必ず雲が焼けるだろう。それればかりか人々の住処が焼け果ててしまい、野も山も草も木もみな焼け落ちてしまうだろう」

浪人たちは当時天草にいた「大矢野四郎」こそ、この「善人」であると確信し、四郎を「天の使い」として宣伝していく。この少年が天草四郎として、島原の乱における一揆の精神的な指導者となる。四郎は関ケ原の戦いに敗れた西軍の将で、キリシタン大名の小西行長の臣・益田好次の子として、天草諸島の大矢野島で生まれた。おそらくこの五人の浪人は、敗軍の将として取り潰された小西家の浪人だと考えるのが自然だろう。もちろんそれだけではなく、旧有馬家の家臣や浪人も、各地で多くの宣伝を繰り広げたはずだ。彼ら浪人たちが軍事的、組織的指導者として、天草四郎という少年を救世主として祭りあげた。

四郎自身も幾つもの奇蹟を起こしたと伝えられる。空を飛ぶ鳩を手の上に招き寄せ、そこで卵を産ませた上に、その卵を割るとキリシタンの経文が出てきた、雀のとまった竹をそのまま折っても雀が逃げようとしなかった、海の上を歩いた、などが伝えられている。これらの奇蹟が事実かどうかは本質ではない。そのような奇蹟物語を信じさせるような、ある種の気質とカリスマ性をこの少年が確実に有していたことが重要なのだ。

村々には檄文が配られた。そこには「天人」と呼ばれる神の使者が地上に降りくだり、全能の神の審判が下される、キリシタンとなって「天人」天草四郎に従えばデウスの審判を免れるが、改宗しないものはデウスの手で地獄に落とされると書かれていた。

これらの資料を見れば、この天草の乱が、ある種の千年王国運動であることは確実である。千年王国運動とは、この世界が一度滅亡し、正しき信仰を持つ者のみが生き残って、永遠の天国を建設することを意味する。ヨーロッパにおけるキリスト教異端派の千年王国運動を研究したノーマン・コーンは、千年王国運動の特徴を次のようなものとして挙げている（多少、筆者なりの解釈を付け加えている）。

（一）集団的＝個人ではなく、信徒の集団が救済を享受する（信徒以外は救済されない）。
（二）現世的＝救済が実現されるのは此岸であり、彼岸の天国ではない（この現実において、悪しき体制は倒れ、地上に天国が誕生する）。
（三）切迫的＝救済は間もなく、かつ突然に到来する（終末預言）。
（四）全体的＝救済は此岸の生を完全に変容し、新たな制度は現状の単なる改善ではなく、完璧なものである。
（五）奇跡的＝超自然的力によって、またはその助けによって救済は成就する。

この運動は、単に貧困に苦しむだけではなく、社会共同体が崩壊し、居場所を失った人々の間でしばしば現れる。戦国時代が終わり、西軍、豊臣軍に属し行き場を失った浪人たちと、有馬晴信のキリシタン大名時代には仏寺を破壊し、キリシタンの領土を作ったのち、今度は禁教政策を受けて棄教を強いられ、精神的な基盤が大きく揺らいだ住民たちは、さらに飢饉という自然災害と大名による過酷な取り立てによって生活基盤を追い詰められていた。そのような人々の間で、千年王国幻想の予言が説得力を持って受け入れられたことは容易に理解される。その意味で、島原の乱が宗教一揆であったことは間違いない。

この一揆には、さらに宗教戦争としての性格を明確に表している点があった。一揆が、寺社を破壊し、異教徒の住民をも攻撃対象にしたことである。有馬村の一揆は村々に、藩の代官だけではなく、僧侶、社人の殺害を呼び掛け、また寺社に火を放った。信仰の強制も行われた。天草御領村の住民はキリシタンではなかったため焼き討ちを受け、キリシタンにならなければ皆殺しだと脅されて一揆に加わった村もあった。

これらの行為は軍事的にはむしろマイナスである。もし一揆の軍勢を増やし、農民の支持を広げたいのならば、改宗などは要求せずただ一揆への参加を求めればいいはずなのだ。後にこのように強制的に改宗させられ、一揆に参加した農民が、原城包囲下で脱出し、鎮圧軍に投降している。そして、檄文や預言書には、重税の解消も、飢饉への対処も、年貢軽減も全く書かれていない。この一揆の本質はもはや明らかであろう。

一揆に表れた千年王国の思想

島原の乱の経過と結末についてはすでに多くの類書があり、それについては簡略にたどることにして、むしろ一揆の思想的な性格について記すことに重点を置きたい。

一六三七年十月二十五日、肥前国高来郡島原領（現在の島原市南高来郡）ではじまった一揆は、島原藩大名・松倉勝家の代官、林兵左衛門を殺害し、さらに村々に蜂起を訴えた。

翌二十六日、島津藩の武士二百人が討伐に向かい、深江村で一揆と対峙、膠着状態となり、一時藩側は島原城に撤退する。しかし、この時点で、事態は藩が考えていたよりもはるかに大規模なものとなっていた。村々に広がった一揆の大群が島原城下を襲い、島原藩は籠城して守りを固める。

戦国の城は、このような戦争の際、第一章で述べた「乱取り」から領民を守るための避難場所の役目をも果たしていた。城下町の住民は次々と場内に避難し、一揆方は、城下町の寺などを焼き払った。逃げ遅れた女性は「乱取り」、つまり拉致された。若い女性は独身男性の妻にされ、年老いた女性は飯炊きに使われたという。これは別に一揆方を批判するために記すのではない。戦国時代の習慣が、まだこの時代には色濃く残っていたということに過ぎない。一揆勢は、農民、浪人など、様々な「雑兵」の集合体だった（女性ももちろん戦場に参加していた。その意味では、この島原の乱は、戦国時代から続いた「雑兵たちの戦場」の最期の舞台でもあったのかもしれない)。

一揆は島原城の大門を破ろうとしたが果たせず、十月末には城下を引き上げた。この時点で、島原の村々は、藩の側に着く村と一揆に参加する村に完全に分裂していた。藩の三分の二を「南目」と呼び、残る三分の一の地方を「北目」と呼ぶが、南目地域に属する村の多くは一揆に参加し、北目は多く藩方についた。まさに藩を二分する戦いだったことがわかる。

天草地域で一揆が起きたのは十月二十七日であり、明らかに島原での一揆に呼応したものである。三宅重利の指揮する討伐軍が送られたが、唐津からの援軍と共に一揆方と戦って敗走、重利も戦死する。

このように優勢に戦局を勧めた一揆方だったが、藩方が城に籠城してしまえばそれを攻め落とすほどの戦力はなかった。江戸幕府は、九州各藩に討伐の兵を出すことを命じ、一揆方は島原半島に移動した。天草・島原両方の一揆勢は、旧有馬領土の原城跡に籠城する作戦を取る。籠城が始まったのは十二月一日、天草四郎の指示だったとされる。約三万七千人の一揆勢が原城跡に立てこもり、食料や武器弾薬が運び込まれた。

「原城跡」という表現からは、せいぜい石垣しか残っていない城跡を思わせるが、実際はそうではなかったと神田千里は指摘する。この城は、元々有馬晴信が建設したもので、この地が松倉重政の領地となったときに、重政が島原城を建設したため破壊されることになった（江戸幕府は、一つの領土内に二つ以上の城を持つことを禁止していた）。しかし、それはあくまで建前であって、破壊はあくまで表面的で、城の防衛施設としての機能はそれなりに残っていたと思われる。

江戸幕府は、板倉重昌、石谷貞清を派遣し指揮を執らせ、討伐軍は十二月十日に原城に到着した。鎮圧軍は四万五千人、十二日、二十日と二回の攻撃が行われるが、一揆方は、充分攻め手を引き付けてから正確に迎撃し、さらに鉄砲のみならず礫まで飛ばして撃退した。

続いて行われた一六三八年元旦の攻撃はさらに激しい迎撃を受け、板倉重昌が戦死する事態を招く。一揆方の戦力を軽視した無理な攻撃、各藩の連携なき手柄争いの突出など、討伐軍の規律も作戦も低劣だった。逆に一揆方は、宗教的情熱に支えられ、かつての歴戦の戦国武士たちが指揮を執る優れた防衛戦を展開したのである。

その後、討伐軍の指揮は、松平伊豆守信綱が執る。信綱は原城の防備が固いことを見抜き、拙速な攻撃よりも、完全包囲した上で、日々大砲の砲撃や銃撃で一揆勢を疲れさせる作戦に変更した。軍勢は強化されて十二万人に及んだ。平戸にいたオランダ船にも依頼して砲撃を行わせた。この外国船を使った攻撃に対しては、討伐軍の細川忠利も、日本の恥となるから速やかに停止すべきだと述べ、一揆方からも、矢文で「日本の外聞は地に堕ちるだろう」という批判の声が寄せられていた。それに対し信綱はこう答えている。

「拙者が異国船を呼び寄せたのは、一揆の指導者たちが、我々は『南蛮国』と通じているのでやがて『南蛮』から援軍がやってくる、などと言って百姓を騙しているから、その『異国人』(つまりオランダ)に砲撃させれば『南蛮国』さえあの通りではないかと百姓も合点が行き、宗旨の嘘に気が付くのではないか、と思ったからであり、日本の恥になるなど思いもよらなかった」

砲撃自体は中止された。しかし、歴史家・服部英雄の説であるが、少なくとも一揆方の指導者の中に、ポルトガル軍の救援を求める計画があった可能性は否定できない。一揆方の農民はともかく、軍事指導者だった浪人たちが、籠城という戦略を取る以上、勝利のためには外部からの援軍を期待することは当然である。

現実に、ポルトガルやスペインの軍船が駆けつける可能性は薄かったと思うが(そのような軍事的攻撃の発想は、本書で指摘したように宣教師の意志としてはあったが、実現したことはなかった)、オランダ船の砲撃は少なくともそのような幻想を否定するとともに、ポルトガルやスペインの攻撃があった場合にそなえ、オランダとの同盟関係を示しておくことにも繋がった。信綱としては様々な計算の上での攻撃だったのだろう。

松平信綱はさらに、一揆方に矢文で様々な和平案を送り始める。信綱は、籠城した理由について、天下の将軍・徳川家光に恨みがあるのか、それとも、島原藩主・松倉勝家に恨みがあるのかと尋ね、もしもその恨みに理があるのならば和談をしてもよいと呼びかけた。さらに、城を出て村に帰り元の耕作に従事すれば、米二千石を支給し、かつ今年の年貢も免除すると付け加えている。

これは単なる懐柔策や、一揆内部への分断策ではない。一般的な百姓一揆は、藩の政策に年貢軽減などの要求を突きつける「条件闘争」であり、たとえこのような軍事行動の形を取ろうとも、本質は交渉により妥結を図るものに他ならないのだ。しかし、一揆方から帰ってきた矢文は、そのような「条件闘争」を拒否する内容だった。

「我々は上様（つまり家光）への言い分もなく、松倉殿への言い分もございません。宗門のことで籠城しているのです。もしわれわれに憐れみをかけて下さるならば、ぜひ我々の宗門をお認め下さい。素晴らしい宗門だとお思いになりませんか。そちらからいくら御攻めになっても城方が勝利しているではありませんか」

他にも一揆方からは多数の矢文が寄せられているが、神田の要約によれば次のようなものである。第一に、籠城の目的は徳川幕府や藩主への不満ではない。第二に、この一揆における要求はキリシタン信仰の容認である。第三に、現世のことに関しては将軍や大名には忠義を尽くす覚悟であると同時に、来世のことについては「天使」すなわち天草四郎の下知に従うという主張である。

この矢文は一揆側の指導者によって書かれたものだが、松平信綱にとっては、他の面ではいくら妥協はできても、この信仰の容認だけは不可能である。それは江戸幕府の基本方針である禁教令そのものを否定することになるからだ。これでは交渉が成り立つはずもなかった。一揆方の矢文は、ある意味で「カエサルの物はカエサルに返せ、しかし神のものは神に返せ」という、内面の信仰と政治との分離を説いている点では、思想的にも評価すべきレベルに達している。また、あれだけの弾圧や年貢の取り立てを受けたことに対しても不満や恨みはないという言葉には、ある精神の美しさを見るといってもよい。しかし、「秀吉の平和」を引き継ぎ、さらに安定した幕府体制を作らねばならないとする信綱の側が、この申し出を拒否したことも当然と見ねばならないだろう。

この後、松平信綱は一揆方に対し、見事な分断策を仕掛ける。二月一日、天草四郎の甥の小平らを使者に、城内に投降を促す手紙を送っている。

（一）原城から投降して来た落人は、助命された上、金銀が与えられ、年貢も免除されている。

（二）天下様（徳川家光）は、キリシタンは処刑する一方、異教徒であったのに無理やりキリシタンにされているものは助命するとの御意向である。だから、異教徒は解放されたい。

（三）大将が天草四郎というものだというが、聞けば十五、六歳とのこと。その名を借りた者たちが祭り上げているに相違ないので、城から出るならば、四郎本人であっても助命するご意向である。

（四）無理やりキリシタンになったものはもちろん、そうでないものも、今からでも城を出て降伏し、改宗すれば助命される。

（五）異教徒を解放すれば、代わりに捕らえられている四郎の母、姉、妹、そして使いの小平を城内に派遣する。

手紙の内容は以上であり、さらに小平には、早く城内に入りたいから、異教徒を解放してほしいと訴えた四郎の母と姉の手紙を持たせていた。信綱は、強制的に一揆に参加させられた農民を脱落させるとともに、棄教すれば助命するという条件で一揆内部を切り崩しにかかったのである。

同時期、旧領主・有馬直純も、旧有馬家の武士を通じて一揆方に内部工作をかけようとした。一揆方の山田右衛門作がこれに応じ、鎮圧軍を手引きして場内に入れ、自分は天草四郎に脱出を進言するふりをして捕虜とする、という計画にまで進んだが、これは発覚して失敗に終わっている。山田は一揆方に処刑されるところを、原城が落城したおかげで助かり、後に貴重な一揆の証言資料を残した。

このような討伐側の切り崩しや籠城による疲弊により、一揆方からの落人は増加していった。その落人たちからは、城内の兵糧が乏しいこと、弾薬も不足していること、指導部の中でも餓死するよりは出撃して活路を開こうとするものと、城を枕に討ち死にしようとするものに分かれている、また、投降したがっているものは多いが、監視が厳しくて中々できない、などの城内の情報が伝えられている。

ただし、同時期に、益田四郎（天草四郎）名義で城内で出されていた「四郎法度書」も挙げておかねばならないだろう。

（一）今度籠城したものは、多くの罪を犯し教えに背いて、後生の助からない身の上になったにもかかわらず、格別の御慈悲によって籠城の人数に加えられたことの恩をよくよく思って奉公することが肝要である。

（二）オラショ（祈祷）ゼジュン（断食）ジシピリ（鞭打ちの苦行）だけが善行ではなく、城内の普請、異教徒の攻撃の防衛、戦闘全てがご奉公である。
（三）今生は一時的なことであり、殊に籠城の衆にとっては短いはずであるから、日々の懺悔、礼拝、祈祷に専念すべきである。
（四）親類や仲間の異見に背く我儘な籠城者もいるが、愛情をもって異見を加えよ。今籠城している者たちは『後世までの友達』になるはずであるから、指導に従うように。
※（五）（六）は略。（神田千里『島原の乱』中公新書）

まず（一）において、かつて棄教をした罪と、再びキリシタンに「立ち帰り」したことの宗教的な意義が示される。そして（三）では、既に落城の危機が迫っており「籠城の衆にとって（今生は）短い」ことが率直に語られ、現世の価値観を離れたところに意義を見出そうとする姿勢が示され、現在籠城している者たちは「後世までの友達」として、生死を超えた宗教的共同体であることが宣言されている。これは、敗北を覚悟した一揆方の精神の極限を示したものだろう。同時に、ここでは略したが、（五）（六）では、防衛体制にいかほどの油断があってもならない、薪取りや水くみを理由に脱走するものが多いので、厳しく取り締まるべきことが命じられており、一揆方の現実もまた露わにされている。

二月二十一日、一揆方は城から出撃して夜襲をかけ、激しい戦闘が繰り広げられたが、一揆方が引き上げた後、捕虜の一人が松平信綱の前で、城内の食糧が尽き、このまま飢え死にするよりは出撃するしかないという判断が昨夜の夜襲だったことを供述した。

二十八日、鎮圧軍による最後の総攻撃が行われる。既に力尽きていた一揆方だったが、最後まで激しく抵抗し、鎮圧軍も約一万人の死傷者を出した。一揆方はほぼ全滅と言われるが、これまでもかなりの数の落人が発生しており、逃げ延びたものや捕虜になったものもいたはずである。しかし、最後まで降伏を拒否し、城内で燃えさかる火の中に自ら身を投じた人々が大量にいたことも事実だ。多くの一揆参加者は、再び立ち帰ったキリシタン信仰を捨てるよりは死を選んだ。

島原の乱は、江戸幕府のポルトガル人追放を決定づけた。幕府が恐れたのは、島原の乱のようなキリシタン蜂起が再発し、それに対し国内のキリシタンが連携すること、同時に、ポルトガルによるそれを支援する形の侵略が行われることである。実際には、当時のスペイン、ポルトガルはすでに国力は傾いている時期で、そのような軍事行動は不可能だったかも知れないが、それは後世の判断である。少なくとも、スペインとポルトガルが布教と同時に侵略の意図を持っていたが、日本においてそれが実現しなかったのは、日本の軍事力がそれを許さなかったことにあった。一六二四年の段階でスペイン船が来航禁止になっており、一六三九年にはポルトガル船も長崎来航禁止となる。一六四一年、オランダとの貿易も長崎の出島に限定され、江戸幕府の鎖国体制は完成する。

同時に、キリシタン禁制が全国的に徹底される。寺請制度が確立し、寺請証文を受けることが住民に義務付けられ、キリシタンではないことを証明しなければならなくなった。

島原の乱という、日本でおそらく最初で最後のキリシタンによる千年王国運動とその壊滅によって、フランシスコ・ザビエル以来のキリスト教、そして西洋文明との最初の出会いは幕を閉じることになったのである。

石牟礼道子と鈴木重成

ここで、どうしても触れておきたい文学作品が一つある。この島原の乱を、文学作品として描いた、石牟礼道子の『春の城』である。おそらくこの作品は、石牟礼にとっての水俣病闘争の文学的昇華というべき面を持つが、そのことには触れない。ただ、石牟礼が、あえて水俣病患者をどこまでも美しい夢見る人として描き切ったように、この小説での天草四郎も、また一揆勢の農民たちも、現世とは違う「もう一つのこの世」を夢見続ける人たちとして描かれている。もちろん、同書は入手しうる島原の乱の資料を駆使して描かれたものだが、その資料から石牟礼が読み取ったものは、民衆の哀しい抒情詩と、決して実現しないユートピアへの夢であり、彼女はそれだけを描こうとしている。

天草四郎は、キリシタンの「立ち帰り」の最中、彼らが情熱をこめて急いで設営した礼拝堂で、次のような讃美歌に導かれて現れる。

わが目の曇りいかにせん
涙も涸れて念(おも)うかな
慰め深き大切の
人には遠く離れられ
鳥も通わぬ境かや
せめてアニマの使い鳥
とくと心に聞きわけて
千里の空をゆけぞかし

この歌は、盲目の琵琶法師、ロレンソ司祭の作とされる。この歌はキリシタンたちに、そして「慰め深き大切の人」が、今は亡き親や先祖のことのように聞こえ「何も言わずに自分を慈しみ抱き取ってくれた母親の、心にしまい込んでいたであろう悲しみ」を深く感じさせ、生きている間にその深い心を知ることができなかったことを思い出させる。そして四郎は「悲しみを含んだ一途なまなざしに、ひしひしと取り囲まれ」「この世をこえたところへの導き手を探し当てた目つき」を覚えるのだ。

そして四郎は先の歌を解説する。「わが目の曇りいかにせん　涙も涸れて念うかな」とは、十字架にかけられた時のキリストの嘆きを意味する。そして「慰め深き大切の　人には遠く離れられ」は、ペテロをはじめ、弟子たちがキリストのもとを逃げ去ったことを表す。四郎は、キリストにとって「御弟子たちは、この世の栄華の一切を捨てられし御主の、大切なる慰め」であり、伝道の道でかすかに触れ合った人々も、また、マクダラのマリアも、皆同じくキリストにとって「短き一生のこよなきなぐさめ」であったのだが、その誰一人として、今は空しく千里の遠くにある。

しかし、キリストはその悲しみの中で「せめてアニマの使い鳥　とくと心に聞き分けて千里の空を行けぞかし」と祈られた。アニマの鳥とは、われらを救いの国に導く鳥。キリストは哀しみの極みのときに、自分を見捨てた者たちを「大切な人」と思い、救いの道を祈られたと四郎はこの歌を解説する。

「命のきわに放たれしアニマの鳥はここ宮津の空を舞うておりまする。御主キリシト様より、もったいなくも『大切の人』と呼ばれたるわれらは、領主、役人どものむごき責め苦を恐るるあまりに、久しく切支丹の魂を失うており申した。そのようなわれらを見棄て給わず、アニマの鳥を放って救いの国に導き給うておりまする。

思えば連年の凶作も、われらをまことの道に立ち返らせんとする御主の御計らいかと存ずる。先日来の長雨もまたこの日でりも、悔い改めよとの天主の御心ではござりますまいか」

「わが兄弟姉妹よ、とくとご覧あれ。神々しき今日の秋の空を。（中略）あの鳥の行くかなたこそ、われらが救いの国でござり申す。われらを苦しむる領主どももおらず、飢えも乾きも知らぬよろこびの国へ、深き悔い改めの心もて、ともどもに参りましょうぞ」（『春の城』）

ここに描かれる天草四郎は、島原のキリシタン一人一人の夢見る「よろこびの国」を、彼らと同じように夢見、そしてその姿を民衆に語り掛ける幻視者として現れる。四郎の姿は、キリスト教やユダヤ教に見られる荒野に叫ぶ預言者の像ではなく、幼くかつ一見無力に見える無垢な少年の姿を取る。四郎の手に小鳥が恐れずに留まり、その卵から教典が現れたというのも、何かささやかで純粋な奇跡物語（ある意味聖フランチェスコを思わせるような）を感じさせる。

この作品はキリシタン側の暴力を無視しているのではない。落城寸前の場面、原城に立てこもった一家の語り合う場面、最後まで乳母として付き従った老婆が、自分の少女時代のことを語りはじめる。病弱だった自分のために、父親が木彫りの観音様を掘り、それを岩戸観音に奉納した。しかし、宣教師たちはそれを無残に引き出し、叩き割って薪にしてしまった。彼女が洗礼を受けることを最後までためらった理由である。そのことを告げつつ、乳母は語る。

「マリア様と観音様がお逢いになられたら、お二人とも、さらに優しゅう、仲良うなられるのじゃあなかろうか」

この言葉を受けて、家の主人は乳母に告げる。

「おうめ（乳母の名）。お前が長い間、叩き割られた観音様を大切にして、心に仕舞いこんで、わしらのデウス様にも尽くしてくれたのにくらべ、わしは自分の宗門にあぐらをかいて、へりくだりを忘れておった。この期になって、わしは恥じ入るばかりじゃ。お前こそ観音様の化身じゃと、今にしてわかる」（『春の城』）

落城寸前の城内で語られる、このキリシタンと仏教の和解は、同書の中でも最も純度の高い文章となっているが、それは様々な獣や虫たちのイメージとともに語られる。

「あたいのふた親は教えよりやした。百姓は虫けらじゃと言われても悲しむな。鳥けもの、虫けらたちは仏たちのお使いぞ。わしらが働くのも、あれたちが働くのも、食うためかもしれんが、それだけとは思えん。何か役目があるとぞ、となあ。
夏の初めに蛍があやって灯るのも、秋の虫が鳴くのも、短い命でまあ、命を創ってい下さいた仏様に、今を生きておりやすと、手をすり合わせてこう歌っておる由にございりやす。
愛(かな)しさや身もふるうなるおぼろ月
三千世界は花吹雪かな」(『春の城』)

この作品は中間部、先に引用した天草四郎の『アニマの鳥』の説法で一つのクライマックスを迎え、キリシタンに回帰し、ある意味死に向かって突き進む、さらに言えば、死の彼方に、現世を乗り越えてもう一つのこの世を目指す人々の旅立ちを描き出している。

そして、もう一つのクライマックスは、ここに引用した末尾の、地中の虫たち無数の生き物と共に、民衆意識の最深部に向けてひたすらに降りてゆき（それは城内で「穴倉」とされる狭い住居に住む人々の、まるで大地の子宮に包まれたようなイメージと呼応する）その過程であらゆる信仰がその原初の姿で統一されていく精神の旅路を思わせる部分である。

これが文学者・石牟礼が夢見た島原の乱にすぎず、現実の叛乱とは無関係だという批判は容易である。しかし、この戦いのさなかに、島原の民衆のために命を捧げた一人の武士が実在した。この作品においても登場する、鈴木重成という人物である。

彼は当初は、討伐軍の砲弾、弾薬の責任者として戦場に赴き、戦後は、代官として戦後処理を命じられた。重成はまず、キリスト教に代わる精神的支柱が必要と、神社、寺社の建設を行う。そして同時に、乱の原因の一つは、過酷すぎる年貢取り立てにあるのだから、それを半分に減らしてくれるよう幕府に求めた。しかし、その要求は認められず、重成は最後に、江戸の自邸に戻り、嘆願書をしたためたのちに切腹する。幕府はようやくその後嘆願を聞き入れ、重成の甥を新たな代官として派遣、年貢石高半減が実現した。

石牟礼はある講演にて、君主のために切腹した武士はいても、名もない民百姓のために、領主にも値する人が腹を切った例は他にはないのではないかと述べた上で、次のように、重成の想いを推察している。

鈴木代官をして、腹を切るほどに思いつめさせた石高半減という願い、そういう願いを生じさせるには、生身の人間が、まなうらに浮かんでいなければ、腹を切るまでにはならないだろうと思うのです。どういう人たちの顔つきが、眸の色が、この代官のまなうらにありましたのでしょう。あの顔この顔というのが具体的に浮かんでいて、訴える声が聞こえていて、こういう者たちのためなら、自分は死んでもよい死なねばならぬ、そういう人たちに、つまり、煩悩がついてしまっておらなければ、人間、腹を切ることなどできないのではないでしょうか。(吉本隆明・桶谷秀昭・石牟礼道子『名残の世』――『親鸞　不知火よりのことづけ』(平凡社)収録)

ここで石牟礼が「煩悩」という言葉で表しているもの、それは「人その友のために己の生命を棄つる、之より大なる愛はなし」という言葉とそれほど隔たったものではあるまい。鈴木重成という武将は、統治者としてこの乱を平定した一員であり、その後も代官として天草を支配した。だが、彼はこの島原の乱に、農民たちの姿に何かを見た。キリシタンを禁止すること、それは統治者として必要なことである。しかし同時に、重成は、死んだ農民たちが狂おしく求め、たどり着こうとした夢と煩悩を、感じ受け止めることができた統治者でもあった。

統治者、政治家は宗教者のように奇蹟を起こすことはできないし、あくまで現実の諸問題の解決のために行動し責任を取らねばならない。

鈴木重成はそのような統治者として、年貢半減という政策を実現しようとした。それが困難なことを知ったとき、彼は自決して訴えると同時に、おそらく、彼の前で死んでいった農民たちに殉死したのである。彼は自らの思いを書き残さなかったため、私たちは想像するしかない。しかし、このような武士がいたということ、これこそ日本における「聖人伝説」ではないだろうか。

第十四章　「天道思想」と一体化した隠れキリシタン

隠れキリシタンと「オラショ」

島原の乱が終わり、江戸幕府がその鎖国政策を完成させて以後、この国に残ったキリシタン信者たちは、ひそかに「隠れキリシタン」という形で信仰を維持し続けた。彼らが「潜伏キリシタン」としてユネスコの記憶遺産登録に認定されたことは記憶に新しい。そして、この「隠れキリシタン」の問題について、最も重要な視点を提示したのは、二〇一八年に発刊された広野真嗣著『消された信仰』（小学館）である。

同書は、江戸時代の約二百五十年にわたる禁教の時代、独自の隠れキリシタンの信仰を守り続け、しかも「オラショ」と呼ばれる独特の祈りを現在も唱え続けている、九州・生月島の信仰に関する本格的なルポルタージュだ。同書にも触れられているように、この信仰に対する先行研究や資料収集はすでに多くの先駆者によってなされているが、同書が独特なのは、彼らの信仰を通じて、日本人とキリスト教の関係について、これまでにない踏み込んだ解釈がなされていることだ。

この島では、神父は「オジ役」と呼ばれ、信仰対象の「御前様」は聖画である。聖画は持ち回りで保管され、保管先の信徒の自宅にある観音扉の棚の中にしまい込まれた御前様の前で「オラショ」が唱えられる。生月島から三キロほど沖にある無人島「中江の島」には岩の裂け目があり、そこでオラショを唱えると「聖水」と呼ばれる湧水が出てくる。これは決して腐ることのない水と言われており、洗礼にも使われ、島の漁民が遠洋漁業に出ていて体調を崩した時にも聖水を飲めば治ると信じられている（同書では、実際にそのような体験をした人々の声や、奇蹟談も紹介されている）。

しかし、著者はこの「聖画」を、写真家・中城忠の写真集で見た時の驚きをこう記す。

ページを繰って、驚いてしまった。そうだと説明されなければ、とてもではないが「キリスト教の信仰」を表現したものには思えなかったからだ。（『消された信仰』）

特に目を惹いた一枚は、「洗礼者ヨハネ」と題された一枚だった。

言うまでもないが、洗礼者ヨハネとは、イエス・キリストにヨルダン川で洗礼を施した重要な聖人である。彼はユダヤの王ヘロデを批判し、斬首されたが、その姿は聖書には「ラクダの毛衣を着物にし、腰に皮の帯をしめ、いなごと野蜜とを食物としていた」と評されている。

確かにこの聖画にも、多少聖書の記述を反映しているところもあった。画面を横断しているように川が描かれ、これは洗礼を施すヨルダン川と見えないことはない。赤い花を咲かせた木が一本描かれているだけなのは「荒野」を表しているのかもしれないし、ヨハネは着流し風の着物を着て腰に帯を締めているので、これは「毛ごろもを着物にし、腰に皮の帯をしめ」るヨハネの質素で野性的な姿に通じないこともない。しかし、このヨハネの頭髪は「ちょんまげ」を結っているのだ。この聖画は同書表紙にも印刷されているが、何の解説もなくこの絵を見せられて、これをヨハネ像だと考える人はおそらく一人もいないだろう。

広野はこの聖画についてこう評している。


なんとなく推察はできる。日本人の描き手には、「ヨハネがどんな姿をしているのか」について情報量が足りなかったのだろう。宣教師は髪形まで教えなかったのかもしれない。

アーモンド型の目の男は、真っ赤な太陽と月の上に立っていて、その上空では十字架がまるで西遊記の孫悟空のように觔斗雲に乗って飛翔している。よく見れば、その筆致に迷いは感じられないし、絵全体が何か、魅惑的な力をまとっているように思えてきた。（『消された信仰』）

ちょんまげが結われ、着流しをまとい、日本人に近い顔立ちで描かれたヨハネ像。この像がどこか魅惑的なのは、生月島の人々が、長い時間をかけて受け入れてきたキリスト教、彼らにとって真のキリスト教がここに表されているからではないだろうか。

オラショという祈り

広野は、オラショを「オジ役」を務める老人が唱える様子を印象深く記録している。現在はワープロで文書化され、ノートに記録されている「オラショ」だが、禁教の時代、二百五十年にわたり、口伝で継承されてきた。約四十五分間、ラテン語交じりの独特の祈りを、何のテキストも見ることなく、一心に聖画を見つめつつ唱える老人に、広野は深い感動を覚えている。そのノートに記されたオラショの祈りは次のようなものだ。

〈御親（おんおや）デウスのその御一人のこの御子（おんこ）（中略）ポリシユペリヤ科下においてはかしゃ

く（呵責）を受けられ、クロスかかり死に給う、御棺に納められ給う。大事な坂を下り給いて三日目によみがへり給う、天に上り給う、萬事かない給う、御親デウスの御右にそなはり給ひて、それより生きたる人、死したる人を糾した給うが為に天降り給ひて〉（原文ママ）（『消された信仰』）

これはカトリック中央協議会の「使徒信条」のこの部分に該当する。

〈主は（略）ポンティオ・ピラトのもとで苦しみを受け、十字架につけられて死に、葬られ、陰府に下り、三日目に死者のうちから復活し、天に昇って、全能の父である神の右の座に着き、生者と死者を裁くために来られます〉

広野は、この部分が口伝にもかかわらず、また、翻訳も、今のように完全ではなかったはずなのに、ほぼ同じ意味で伝えられていることに深い感動を覚える。このオラショの中には、ラテン語やポルトガル語らしき言葉が、カタカナで頻繁に登場している。「アメマリヤ、アガラスサビンナ、ドウメス、アンメーイゾ、スーマリヤ」のように。そして、この言葉の意味は、信者たちも全く分からない。ただ、カタカナのまま唱え続けられてきたのだ。覚えるには「仕事の合間に三カ月も四カ月も何度も繰り返すしかない。江戸時代の禁教下、人々はただ口伝でこの「祈り」を伝えてきた。

当初広野自身、いくつもの疑問を覚えたことを正直に告白している。意味もわからぬ言葉を唱えるのが祈りと言えるのだろうか。そして、信者たちの家には、神棚もあれば仏壇もある。また、様々な「伝統行事」が行われていた。

十二月二十五日がクリスマスであることは、キリスト教徒ではない人にとってももはや常識以前のことだが、生月島では「お誕生」や「霜月のお祝い」と呼び、江戸時代の旧暦を使い、時期は毎年の冬至の日の前の日曜日と決めている。そして、その八週間前の日曜日が「おとぼりゃ」という、殉教者を弔う日、さらにその八週間前は「盆」となる。まさに、日本の習慣と季節感が、キリシタン信仰と一体化しているのだ。

そして、かつて宣教師たちが宣教のためにもたらした「ロザリオの十五玄義」の書かれた木札は、島では十五歳になった子供たちが「お花」という行事で使われるおみくじとして使われている。この札は「おふだ様」として神体となり、麻袋の中に入れられている。そこにもう一枚「あん」と書かれた札を入れ、子供たちは手を入れて一枚札をひく。「あん」が「大吉」にあたり、「おかしらさま」と呼ばれているが、それは聖母マリアのことである。

また、カトリックの苦行僧が、鞭で自らの体を叩き、罪を悔い改めた儀式が、この島では「てんぺしゃ」（「悔い改め」をポルトガル語で「ベニテンシャ」という）という荒縄をぬい、それに一文銭を付けたものを、「お道具あて」として体に当てて病気を治す習慣として残った。実際に、それを体に当てて病気が治ったという体験を広野に語る信者もいる。

戦国時代に宣教師たちがもたらしたものが、たとえその意味は違っても、今も「聖なるもの」として扱われているのだ。

遠藤周作やキリスト教学者たちの批判

「日本のキリスト教」という言葉を使うとき、多くの人が思い出すのは作家・遠藤周作のことだろう。そして、彼の代表作『沈黙』は、隠れキリシタンをテーマにしたものである。遠藤文学の大きなテーマの一つが、日本人がキリスト教という、ある種異文化の教えをどう受け止めるのか、日本人にとって、神やキリストの存在はどのようなものなのかという点にあったことは今更言うまでもないだろう。

遠藤は、日本人が受容しうるキリスト教として「弱きものの宗教」「無力なイエス」というユニークなキリスト教を文学として描き出した。奇蹟を起こし、現実社会の偽善に怒り、十字架にかけられたのちに復活するキリストの姿ではなく、社会の弱者に寄り添い、信仰を裏切ってしまうものに温かい許しを向け、さらには自らも弱きものとして死んでいくキリストの姿、厳しい一神教の「罰する神」ではなく、「許す神」としてキリスト教を描いたことが、多くの日本人読者に感動を与えたことは確かである。

しかし、実は遠藤自身は、この隠れキリシタンに対する厳しい批判者でもあったのだ。

広野は一九八〇年に書かれた遠藤の文章を紹介している。

「かくれ切支丹は過ぎ去った時代のある残骸にすぎぬ。（中略）自分たちだけの秘密組織をつくって表は仏教徒などを装い、仲間うちだけでその暗い信仰を伝えあってきた」

「敵や障碍（しょうがい）がなくなれば秘密組織は必要性を失い力もなくなってしまう。今日の〈かくれ切支丹〉はかくれ切支丹ではなくその抜けがらであり、（中略）一般の人々には古い農具を見る以上の興味もない」（『消された信仰』）

広野はこの言葉に深い失望を覚え、遠藤が、現在も生き、信仰を保ち続けている生月島の人たちへの何の共感も覚えていないことに驚いている。実際、遠藤は取材のため生月島を訪れているが、島民と接したことは全くなかったらしい。

しかし、この遠藤の見解は彼個人のものだけではない。「隠れキリシタン」と「潜伏キリシタン」という分類にその本質が現れている。長崎県が発行しているパンフレットには次のようにある。

禁教時代に、表向きは仏寺の檀家となりながら、一方でマリア観音や聖地などを通じて、キリスト教の信仰を保持・継承した人々を「潜伏キリシタン」と呼んでいる。これに対し、禁教令が撤廃されたのちもカトリックに復帰せず、潜伏時代の信仰形態を継承している人は「かくれキリシタン」と呼ばれる。

隠れキリシタン研究の第一人者で、長崎純心大学の宮崎賢太郎は、『岩波キリスト教辞典』の中で次のように断言している。

「隠れキリシタンの語は、これまで一般に江戸時代の潜伏キリシタンと明治以後も習俗として残るカクレキリシタン（宮崎はすべてをカタカナで書く）を共にさして使用されてきた。しかし、以下では隠さねばならなかった潜伏キリシタンと、もはや隠す必要のないカクレキリシタンとは、時代的またその信仰の質的差異ゆえに、明確に区

　　別して扱うことにする」

　　「（カクレキリシタンとは）土着化の過程で本来のキリスト教から大きく変容し、日本の伝統的諸信心と渾然一体となった民俗宗教を形成している」（『消された信仰』）

　さらに、宮崎はオラショの内容を次のように批判的に分析する。

「デウス」には「出臼」、ポルトガル語でキリストを呼ぶ「フィイリョ」は「肥料」、「サンタマリヤ」は「三太丸屋」、洗礼を意味する「バウチズモ」に「場移り島」、「クロス（十字架）」には「黒須」と言った用語表記がされている。宮崎は「父なる神『デウス』のことをほんの少しでも理解していたら『出臼』という漢字をあてることなど絶対にしなかったであろう」し「キリストを意味する『フィイリョ』に『肥料』はありえない」と、原意からはいずれもかけ離れているとする。

　さらに宮崎は広野とのインタビューで、生月島の「信仰」を全面的に否定している。彼の言うことをまとめれば次のようになる。

（一）生月島の人たちは、先祖がやってきたことを受け継ぐのが子孫としての務めである、という意識があった。しかしそれは、信仰をやめて聖画や道具などの御神体が残っては祟りが起きると信じられてきたからで、本音ではもう継続することは苦痛だという人が大半。

（二）信仰とは教義の中身に本質がある。生月島の信仰は確かに守られてきたが、キリスト教の教義が理解されてきたわけではない。

（三）そもそも、戦国時代の布教当時から、キリスト教はごく一部の武士層や知識層を別にすれば、教義としては理解されていなかった。真にキリスト教を理解していたのなら、神道や仏教を否定しなければならない。そうした信仰教育はなされなかった。

そして、宮崎は戦国時代のキリシタンの信仰を次のように切って捨てている。

「オラショを覚えるのは、信仰に目覚めたからというより、宣教師が持っているメダイのような〈呪物〉がほしかったから。熱心に拝んだ人に宣教師が褒美にくれたのです。日本人の宗教心理には、そうした〈よくわからない秘密めいたもの〉をありがたがる傾向があって、遠い国からやってきた神様のものだから、より効き目があるように見えた。そうして手に入れた信仰を捨てることを拒んで殺され、殉教してしまうのは、そういう恐ろしい神様を捨てたら、大きな祟りがくると考えたからです」

天道思想とキリシタンとの融合

私も広野同様、正直、宮崎の発言は、あまりにも信仰というものを狭く考えているとしか思えない。戦国時代、聖書の日本語訳すらなかったことは確かであり、日本語が充分ではない宣教師たちが教義を正確に伝えられなかったのも事実だろう。

しかし、乱世の時代の先祖たちが、時にはその命を賭してでも守ろうとした信仰を、単に現代の私たちのように情報や知識を持たないというだけで、このように簡単に切り捨ててしまう所に、私はある種の傲慢さを覚える。当時の人々は、乱世の時代を生きのびるための支えや覚悟として、彼らなりの信仰を有していた。

本書でも何度か紹介してきた「神国意識」「天道思想」という理念が戦国時代の日本には存在した。自然災害、疫病、そして外国からの侵略に対し、日本の神々が国と民を守ってくれるという「神国」意識は、中世時代から既に存在していた。元寇のときの加持祈祷は言うに及ばず、一四七三年五月に疫病が流行った時も、人々は伊勢の神の力にすがり、奈良の興福寺の僧侶たちによる伊勢の神への祭りが行われた（神田千里『島原の乱』）。その時歌われた歌が「冥途より　蒙古の牛ぞ　来たりける　浜吹き返せ　伊勢の神風」というものだったという。疫病を外国からの侵略に例えたのだ。

そして天道思想とは「天の摂理」、星や太陽の運行のように、決して揺るがぬ道を外れていないことが、大名にとっても民衆にとっても正しいこととされていた。時代に厳しい自力救済、弱肉強食の一面があったからこそ、そのような思想が必要となったのだろう。この天道とは、仏教、儒教、神道が混合して成り立つものであり、だからこそ明治時代までは神仏習合の時代だったのである。そして、独裁者としてのイメージが強い織田信長であれ豊臣秀吉であれ、一つの宗教、信仰が他を過剰に批判し、排他的、攻撃的になることを禁じようとした。

だが、キリスト教は、民衆レベルではともかく、ポルトガルの宣教師たちにとっては、そのような混合宗教になってはならなかったのである。キリスト教もまた「天道」の一つとして受け入れる発想は日本民衆のものではあっても、宣教師たちのものではなかった。だからこそ、キリシタン大名領地では寺社の破壊が進行し、宣教師たちが日本の伝統信仰を蒙昧なものとみなす傾向が殆どだった。しかし、この宣教師たちが弾圧によってこの日本を追われた後、それでも彼らなりの信仰を守り続けた生月島の人々は、もしかしたら長い二百五十年の月日の中で、キリスト教を天道思想と結びつけることに成功してきたのではないだろうか。

江戸幕府も、社会が安定し、平和な時代が訪れた十七世紀半ば以後は、禁教は穏やかなものになっていった。しかし、キリシタンが、宮崎が説くような、仏教も神道も否定するような態度を取れば、必ず対立や弾圧をよんだだろう。生月島の信者たちの家には、仏壇も神棚もしつらえられ、檀家として寺にも入った。寺社としても、こうして対立を避け、かつ寄進も増えるのだから、あえて追及する必要もない。広野の取材によれば、寺社と隠れキリシタンの「共生関係」も見られた。ある家では、儀式と法事を次のように分けている。「家の方では、お祈りできる男の人たちが集まってオラショ。お祈りできない親戚や子供は一緒にお寺のお墓に行って、和尚さんに拝んでもらって線香をあげている」

宮崎ならば「本来のキリスト教から大きく変容し、日本の伝統的諸信心と渾然一体となった」というだろう。生月島の信仰に理解のある長崎県の学芸員は、隠れキリシタン信仰で必要な行事と、仏教で必要な行事が並列に行われているのだとする。しかし、私はあえて、生月島の信仰こそ、天道思想とキリシタンとの見事な融合と考えたい。それを実現したのは長い歴史と、その中で儀式を通じ、自然との対話を通じて信仰を守り抜いてきた人たちの努力である。

彼らには充分な教義の理解はなかったかもしれない。しかし、生き生きとした信仰は、少なくとも近年まで保たれていた。彼らは四十分のオラショを、漁業の合間に口伝で伝え続け、無人島から祈りで湧くという聖水を汲みに行き、大海原に漁に旅立つとき、十五歳の子供の儀式としておみくじのように過去から引き継がれてきたおふだを引き、また、いかに現代の目から奇妙に見えようとも、祈りの対象として、禁教の時代に信者の思いを込めて描かれた聖画を歴史を越えて引き継いで来たのだ。この姿を、正規のキリスト教ではないと言って否定する姿勢は、かつての宣教師たちが、平然と仏像を薪にした傲慢さと相通じるものではないだろうか。

私はむしろ隠れキリシタンにこそ、戦国時代、宣教師と出会った日本庶民に最も近い精神が今も生き続けており、しかも、隠れキリシタンの伝統とともに、かつての天道思想、おそらく明治以降の近代化とともに全国的に変質せざるを得なかった日本人の伝統思想をも垣間見ることができるはずだと思う。

正統派カトリックへの改宗を拒否した「キリシタン」の生き方

同書では最も重いテーマとして、生月島の人々が、明治維新時、キリスト教禁教令が解かれたときに、また、大東亜戦争敗戦後においても、正規のカトリックへの改宗を拒否したという事実をあげている。

まず、明治時代、カトリックの宣教師たちが、家から神棚や仏壇を降ろすことを求めたが、生月島の信者たちはそれを受け入れなかった。先祖の位牌として拝んできた仏壇を捨てるなどはとてもできないという発想だったが、これも私は「天道思想」と考えたい。一つの信仰を得るには一つを捨てなければならないということが、生月島の人々には理解できなかったのだ。

そして大東亜戦争後は、ザビエル宣教四百周年の一九四九年、ローマ教皇の特使として、ギルロイ枢機卿が来日し、日本中が「カトリック・フィーバー」に沸いた。このとき、枢機卿は生月島の「オジ役」たちと約三十分面会しているのだ。これを広野はカトリック新聞を読み込むことで発見した。この時も生月島の信者は、穏やかではあるがはっきりと、カトリックへの改宗を拒否している。同書ではその時の内容を以下のように伝えている（二次情報ではあるが、おそらく事実に近いはずである）。

「かつて、カトリックの使者が来た。自分たちは紹介する人があって会いに行ったら、カトリックに戻らんかということをいわれた。でも自分たちの信仰はサンジュワン様、つまり中江ノ島で、自分たちの御誦（ごしょう）をあげると水が出るという奇蹟を拝む宗教で、カトリックの者が拝んでも水は出ない。だからカトリックに改宗しようとは思わない、と伝えた。そうしたらカトリックの使者も『そうか』といって帰った」（『消された信仰』）

これは、もっとも純粋にこの信仰を守り抜こうとした大岡留一の言葉である。

明治維新という近代国民国家の始まり、そして、大東亜戦争敗戦と戦後体制の始まりというもう一つの急激な時代の変化のときに、生月島の信徒は、二度とも、江戸時代の自分たちの信仰を守り抜くことを選んだのである。それはある意味、この日本近代に対する、最も純粋な抵抗ではなかったか。隠れキリシタンが、キリスト教からの変質、変容というのならそれもよい。しかし、彼らがその信仰を抱き、いかなる時代の変化にも動ずることなく守り抜いてきたこと、カトリックであれ、明治の大日本帝国の政治であれ、また戦後体制であれ、その干渉を拒否してきたことこそ、その信仰の証ではないか。

ある信者の言葉である。この儀式が、キリスト教の教えにどうつながっているかは突き詰めないのですか、という広野の問いに、信者はこう答えている。

「それはしないんですよ。先祖が続けてきたように、何百年と続いてきたように自分たちも伝える。それが正しいと信じて、先祖も身を寄せ合って結束してきたんですたい」（『消された信仰』）

これほど純粋な信仰が、現代に果たしてどれほどあるのだろう。

おわりに

ヨーロッパ中世からバロックの時代まで、様々な音楽を日本で研究・紹介してこられた音楽学者・皆川達夫氏が、本書第十四章で紹介した「オラショ」と出会ったのは一九七五年のことである。聴いてすぐに、グレゴリオ聖歌などラテン語の宗教曲を熟知していた皆川氏は、「オラショ」の中の意味不明な言葉がラテン語がなまったものではないかと直感した。

皆川氏はその後、伝承されてきたオラショ全文、そしてその原曲と推定されるラテン語聖歌、さらにはこの時代に残されている数少ないキリシタン音楽の楽譜資料『サカラメンタ提要』(一六〇五年・慶長十年、長崎にて印刷)に記載されたラテン語聖歌からなるレコード『洋楽事始～サカラメンタ提要／隠れキリシタンのオラショ』を一九七六年に編集、発行した。これはまさに先駆的なキリシタン音楽研究の成果である。

さらに皆川氏の偉業は、オラショの原曲の一つを、遠くスペインの地で発見したことであった。氏は三つの「歌オラショ」のうち、その二つの由来となるラテン語聖歌を突き止めている。しかし、最後の『ぐるりよざ』という歌の原曲は確信を持てなかった。皆川氏はヨーロッパ各国の図書館を歴訪して原曲をさらに調査し、ローマのヴァチカン図書館でも丹念に調べた。そしてついに、一九八二年、スペインのマドリードの図書館で、この原曲を探し出したのである。そこで、オラショの歌う『ぐるりよざ』の原曲である聖歌『オ・グロリオザ・ドミナ O Gloriosa Domina（栄光の聖母よ）』を見出すことができた。皆川氏はその時の感動を「夢にまで見たそのマリア賛歌の楽譜が記されていたのである」と語っている。「オラショ」から採譜したメロディともこの曲はほぼ一致していた。まさに、神の恵みは皆川氏のもとにあった。

この聖歌は、既に現在ではヨーロッパでも歌われていない。この時代にスペインの、それもごく一部で歌われていたに過ぎなかっただろう聖歌が、戦国時代日本に伝わり、禁教の江戸時代を通じて、現在までも歌い継がれてきたのである。皆川氏のキリシタン音楽研究は、著書『キリシタン音楽入門：洋楽渡来考への手引き』『洋楽渡来考――キリシタン音楽の栄光と挫折』（日本キリスト教団出版局）に集約されている。本書でもこのテーマは扱いたかったのだが、私の音楽知識の不足から断念したことも付け加えておこう。

私は本書において、宣教師たちに見られるある種の独善性に対し、かなり批判的に書いてきた。しかし、いかなる危険を冒しても自らの信仰を布教しようとする勇気と信念への敬意は失わなかったつもりである。そして、乱世の時代、西洋からもたらされた信仰を真摯に受け止め、そこに救いと慰め、また、新たな生への価値を見出した日本人信徒たちへの共感は、むしろ本書を書き終えた今のほうが、はるかに強まっているといってもよい。

後者の、日本民衆にとってのキリスト教信仰というテーマは、本書においては充分展開することができなかった。フロイスの『日本史』（これほど面白い歴史書は少なく、著者の意図とは別の意味で、まるでエンタメ小説のように読める）にも、日本人信徒が真にキリスト教信仰に求めていたものが何だったのか、宣教師たちの教えに何を読み取っていたのか、萌芽的なものは見えても、私にはその核心を充分に読み取ることができなかったのである。

しかし、本書でも触れた石牟礼道子の『春の城』は、文学者としての想像力（そして水俣病闘争体験）を通じて、見事なまでに、日本人信徒の内面を描き出している。また、広野真嗣のルポルタージュ『消された信仰』もまた、隠れキリシタンの存在を弾圧下に信仰を守ったという単なる一面的な解釈ではなく、キリスト教信仰と日本民衆の深い精神的交流、そして民衆の自立した信仰として提示した作品である。このような著書の存在無くして、私には本書をまとめることはできなかっただろう。

そして、神田千里、藤木久志という、現在の歴史学者の中でも、研究者としてだけではなく、私のような単なる歴史好きの独学者に、戦国乱世の時代情勢と、そこで生き、死んでいった人々の姿を教えてくれる学者の著作からも、多くのことを学ばせていただいた。そして、戦前史家・岡本良知の研究が、現在私が入手できた日本人奴隷についての資料中、最も説得力があり、かつ公正なものであったことと考え合わせると、一時期日本の史学を覆ったかに見えるイデオロギー史観の呪縛が、ついに解かれつつあることを感じさせる。

本書は、まえがきで触れた渡辺京二をはじめ、多くの思想家、歴史家、文学者、そして実際に戦国時代を駆け抜けたフロイスら宣教師たち、彼らと出会った様々な日本人たちの記録から、非力な著者がかろうじて紡ぎあげたものである。ただ、予定よりもはるかに締め切りは超過し、紡ぐ糸もしばしば切れそうになった。また織り上げたつもりが、あちこちが、ほころびもつれていた作品を、何とか皆様の手元に届けられる形にまで仕上げてくださったのは、ハート出版の日高裕明社長と西山世司彦さんのおかげである。ここに心より感謝を申し上げます。

三浦　小太郎

主要参考・引用文献（初出順）

網野善彦『中世の非人と遊女』（講談社学術文庫）
網野善彦『無縁・公界・楽』（平凡社）
渡辺京二『日本近世の起源』（洋泉社）
藤木久志『雑兵たちの戦場』（朝日新聞社）
神田千里『宗教で読む戦国時代』（講談社選書）
渡辺京二『バテレンの世紀』（新潮社）
門脇佳吉訳『霊操』（岩波文庫）
垣花秀武『イグナティウス・デ・ロヨラ』（講談社）
松田毅一／川崎桃太訳『完訳フロイス日本史』全12巻（中公文庫）
神田千里『戦国と宗教』（岩波新書）
松田毅一『天正遣欧使節』（講談社）
岡本良知『十六世紀に於ける日本人奴隷問題』
ルシオ・デ・ソウザ／岡美穂子共著『大航海時代の日本人奴隷』（中央公論新社）
藤木久志『豊臣平和令と戦国社会』（東京大学出版会）
藤木久志『刀狩り』（岩波新書）
高瀬弘一郎『キリシタンの世紀　ザビエル渡日から「鎖国」まで』（岩波書店）
奈良静馬『スペイン古文書を通じて見たる日本とフィリピン』（経営科学出版）
平川新『戦国日本と大航海時代』（中公新書）
小林秀雄『事変の新しさ』（『小林秀雄全作品13　歴史と文学』新潮社）

高瀬弘一郎『キリシタン宣教師の軍事計画』
宮脇白夜訳『現代語訳　ドチリイナ・キリシタン』（聖母文庫）
安廷苑『細川ガラシャ』（中公新書）
井上章一／呉座勇一／フレデリック・クレインス／郭南燕『明智光秀と細川ガラシャ』（筑摩書房）
高瀬弘一郎『転び伴天連トマス・アラキについて』
片山弥吉『日本キリシタン殉教史』（時事通信社）
神田千里『島原の乱』（中公新書）
石牟礼道子『春の城』（藤原書店）
吉本隆明／桶谷秀昭／石牟礼道子『名残の世』
広野真嗣『消された信仰』（小学館）

◆著者◆
三浦小太郎（みうら こたろう）
昭和35（1960）年東京生まれ。獨協高校卒。現在、アジア自由民主連帯協議会事務局長。著書に『漢民族に支配された中国の本質』（弊社刊）『ドストエフスキーの戦争論』（萬書房）『日本人になったウイグル人たちに中国がやっていること』（産経新聞出版、日本ウイグル協会と共著）などがある。ほか、雑誌『正論』『Hanada』等に執筆。

※本書は平成31年に弊社より刊行された『なぜ秀吉はバテレンを追放したのか』を再編集し、普及版としたものです。

信長・秀吉・家康はグローバリズムとどう戦ったのか
普及版　なぜ秀吉はバテレンを追放したのか

令和6年 6 月 17 日　第 1 刷発行

著　者　三浦小太郎
発行者　日高 裕明
発　行　株式会社ハート出版

〒171-0014 東京都豊島区池袋 3-9-23
TEL.03(3590)6077　FAX.03(3590)6078
ハート出版ホームページ　http://www.810.co.jp

定価はカバーに表示してあります。

ISBN978-4-8024-0178-4　C0021

印刷・サンケイ総合印刷株式会社